인공지능과 영화, 기술, 관객

AI문고

인공지능 시대입니다. 기계가 인간의 인지를 대신하고, 사물이 인간을 통하지 않고 다른 사물과 직접 커뮤니케이션합니다. 이에 따른 인간 삶과 문명 변화를 정확히 이해·예측·대응하는 것은 이 시대 우리 모두의 과제입니다. AI문고는 인공지능 기술과 환경의 여러 주제를 10가지 키워드로 정리합니다. 관련 개념과 이론, 학계와 산업계의 쟁점, 우리 일상의 변화를 다룹니다. 인간과 기술의 현재, 미래를 세심히 분석합니다.

일러두기

- 인명, 작품명, 저서명, 개념어 등은 한글과 함께 괄호 안에 해당 국가의 원어를 병기했습니다.
- 외래어 표기는 현행 어문규정의 외래어표기법을 따랐습니다. 다만 '딥러닝', '딥마인드', '딥페이크' 등은 관행을 따랐습니다.
- 글 정리에 인공지능의 도움을 받았습니다.

처음이세요?

전문가세요?

인공지능과 영화, 기술, 관객

이석창

대한민국, 서울, 커뮤니케이션북스, 2025

인공지능과 영화, 기술, 관객

지은이 이석창
펴낸이 박영률

초판 1쇄 펴낸날 2025년 1월 2일

커뮤니케이션북스(주)
출판 등록 2007년 8월 17일 제313-2007-000166호
02880 서울시 성북구 성북로 5-11
전화(02) 7474 001, 팩스(02) 736 5047
commbooks@commbooks.com
www.commbooks.com

ISBN 979-11-7307-311-3 03500

책값은 뒤표지에 표시되어 있습니다.

차례

연구자의 눈, 영화인의 마음으로 인공지능을 바라보다

이 책은 영화와 인공지능의 담론 확장에 따라 인공지능을 세 조각으로 해부했다.

영화와 기술

여기서 우리는 기술이 영화에 미치는 영향을 알아본다. 발자국을 따라 영화 기술을 추적하여 인공지능이란 은신처를 파헤친다. 영화와 기술의 과거와 현재를 다루며, 인공지능이 스며들 공간을 내어준다.

영화와 인공지능

영화를 향한 인공지능의 적용 가능성과 실용성이 통찰력 있는 시각에서 드러난다. 프리 프로덕션-프로덕션-포스트 프로덕션의 단계에서 인공지능의 활용법이 탐구된다. 사례 제시는 덤이다.

문제, 시선, 그리고 관객

독자에게 영화와 인공지능의 미래를 스스로 그리길 독려한다. 윤리적 문제와 기술적 한계를 다루고, 미래 가능성을 예견하며, 관객을 생활영화에 참여하길 당부한다. 시네필이여, 일어나라.

봉준호와 200억

봉준호 감독이 〈옥자〉(2017)를 두고 했던 말이 지금도 생생하다.

> 슬픈 표정의 큰 동물이 나오는 비주얼을 컴퓨터 그래픽(CG, Computer Graphic)으로 완성하면 어떨까. 저 큰 동물은 어떻게 어울리지 않게 이런 도시에 와 있을까를 생각하다가 '옥자'가 시작됐습니다.(김동민, 2017)

라며 컴퓨터 그래픽의 역할론을 드러냈다가,

> 나의 사랑스러운 옥자에 들어가는 돈이 엄청났어요. 그 규모가 엄청나니 예산 먹는 하마처럼 느껴졌습니다…. 컴퓨터 그래픽으로 쓸 수 있는 돈을 계산하고 이야기를 짜야 했죠.(김동민, 2017)

라는 어려움을 토로하던 때였다.

그는 어렵게 말을 이어 갔다.

> 제약을 먼저 알고 한계치를 파악해야 그 속에서 자유를 얻을 수 있어요.(김동민, 2017)

컴퓨터 그래픽은 유용하나, 사용이 어렵다는 것이 요체란 얘기다.

상상의 동물 옥자를 감독이 만들어 내기 위해 든 돈이 1숏 당 평균 7000만 원이고 옥자 캐릭터가 영화에 총 295숏에 등장하니, 그 비용만 약 200억 원이다. 놀라운 액수다. OTT 공룡 넷플릭스가 제작비 전액을 보장했다.

SF영화(공상과학)니 컴퓨터 그래픽 비중이 큼을 이해하지 못할 바는 아니다. 이름이 없거나 희미한 영화 감독에겐 어렵겠지만, 봉준호니깐 가능했다.

이런 질문을 해 보자. 컴퓨터 그래픽은 한계 없는 표현을 가능케 하는가? 당연한 걸 묻는다고 여기겠다. 이 기술은 할리우드 블록버스터 영화 〈아바타: 물의 길(Avatar: The Way of Water)〉(2022)에서 판도라 행성의 환상적인 세계를 생생하게 펼쳐냈고, 〈어벤져스: 엔드게임(Avengers: Endgame)〉(2019)에서는 대규모 전투 장면, 초현실적인 캐릭터, 환상적인 우주의 모습을 만들어 냈다. 컴퓨터 그래픽이 영화의 시각적 스토리텔링 확장에 일조했음이 당연할진대, 왜 이런 질문이냐 고개를 갸웃거리진 말자.

일각에선 컴퓨터 그래픽을 미래 영화 기술로 간주한다. 촬영으로만 표현하기 어려운 장면을 디지털 기술로 현실감 있게 구현한다. 놀라운 장면을 만든다는 점에서 일정 부분 동의한다.

영화를 만들어 가는 모든 작업이 그러나 최첨단 기술을 손쉽게 활용할 수 있는 건 아니다. 봉준호 감독 말마따나 감독의 상상이 더해질수록 예산의 무게는 는다. 예산이 적은 영화는 기술적 시도를 자유롭게 행하기 어렵다. 시간 소요와 고비용 문제를 감당할 저예산 영화가 없으니 말이다.

나는 영화를 만들고 싶다

우리는 영화를 사랑한다. 당장 나부터, 영화 사랑에 둘째가라면 서럽다. 영화라면 어디든지 갈 기세를 잇는 것이 우리다. 과언이라고? 아니다. 부산 · 전주 · 부천 국내 3대 영화제부터 베네치아 · 베를린 · 칸 세계 3대 영화제까지 그 현장에는 항상 한국인이 있다. 그들은 '애급옥오(愛及屋烏)'란 표현이 어울리는 영화 사랑꾼, '시네필'이다.

영화를 향한 그들의 갈망은 영화를 보러 가는 것에만 그치지 않는다. 영화를 보고 또 보고, 그 영화를 이야기한다. 신문과 잡지에 평론을 쓰거나, 때론 학술지에 소논문을 쓰는 데까지 나아가곤 한다. 감독 못지않게 영화를 뜯어본다.

하지만 거기까지다. 그들은 그토록 영화를 사랑하지만, 영화를 만들진 못한다. 영화 제작은 어려운 과정을 수반하기에 영화를 직접 만드는 데까진 나아가지 못하는 것이다.

문득 A와 영화를 본 그날이 떠오른다.

긴 통로를 지나자, 영화의전당이었다. 천장의 패널마다 비스듬히 매달린 물방울이 글썽였다. 누군가 기둥의 허리춤을 툭 치자, 후드득 아스팔트 위로 떨어졌다.

영화관을 나오던 A가 말했다.

"나도 영화 한번 찍어 볼까?"

발걸음을 멈췄다.

"근데, 돈 있어?"

군더더기 없이 날카롭고 빠르게 그의 폐부를 찔렀는지 그가 당황했다.

"없지, 그래. 무슨 영화냐. 그래도 내가 히치콕은 아니지만, 나만의 영화를 만들고 싶어."

창작 의지가 호기롭게 나타났다가 돈 문제로 인한 불가함으로 귀결됐다.

영화는 기본적으로 협업의 산물이다. 시간과 비용이 소요된다. 나 혼자 의지가 충만하더라도 쉽사리 시작하지 못하는 게 영화 제작이다. 머릿속에는 온갖 이미지로 가득한데, 이걸 어떻게 영상으로 만들어 낼지 방법이 마땅찮다.

게다가 영화 제작을 내밀히 살펴보면 '어떻게 이렇게

만들어질까?'란 생각이 들 정도로 헷갈릴 수준까지 엉킨 실타래 같다. 기획부터 상영까지 어려움이 가득하다. 영화의 장면 하나하나가 많은 스태프와 함께 조각 맞추듯 만들어지는 형태도 괴이해 보인다.

돈 걱정 없이 쉽게 영화를 만들 방법이 있을 것 같은데, 간단한 텍스트를 입력하면 영상이 곧바로 만들어지는 인공지능 시대에 무슨 좋은 방법이 없을까?

인공지능, 기회의 땅을 향한 시선

주변을 둘러보면 온통 인공지능 기술이다. 질병 진단, 맞춤형 치료 등 의료 시장에서부터 마케팅, 재고 관리 등 소매업까지 그 쓰임새가 다양하다. 콘텐츠 시장에서는 영상 생성, 영화 추천, 관객 분석 등의 모습으로 나타난다.

챗지피티(ChatGPT)의 운영사로 잘 알려진 오픈AI(OpenAI)사의 최고경영자(CEO) 샘 올트먼(Sam Altman)은 텍스트-비디오 생성 모델 '소라(SORA)'를 발표하며 낙관적인 전망을 드러냈다.

그는 "인공지능은 콘텐츠 생성에 큰 잠재력을 지닙니다"라고 했다. 소라가 생성한 영상을 본 사람들은 놀라

움을 감추지 못하며 그의 말에 수긍했다.

그저 '잠재력'이 기존 콘텐츠 시장을 뒤흔들 수 있음을 샘은 인공지능 영상 이미지로 보여 줬다. 강조할 때를 아는 이의 자신감이다. 그는 단 몇 줄의 문장으로 고가의 장비나 기술 없이도 짧은 시간에 누구나 질적 수준이 높은 영상을 생성해 낸다고 자신했다.

그만이 아니었다. 디멘션 스튜디오의 총괄 프로듀서인 벤 럼스든(Ben Lumsden)은 2024년 칸 영화제에서 이런 소회를 밝혔다.

> 인공지능 기술은 변혁적 영향을 미칩니다. 인공지능은 영화 제작의 미래를 포용적이고 혁신적으로 재편할 수 있는 잠재력이 있죠.(Economou, 2024)

인공지능을 '기회의 땅'으로 바라보는 영화인이 늘고 있지만, 이를 부정적으로 바라보는 이도 분명 존재한다. 그들은 변혁의 회오리 속에서 기술 의존성을 우려하며 인공지능을 멀리할 것에 목소리를 높인다.

누군가가 나의 의견을 묻는다면 단견(短見)은 '인공지능이 기회'란 의견과 궤를 함께한다고 답하겠다. 영화 산업에서 인공지능의 영향력이 커지고 있음을 인정한다. 여러 방향으로 굴러 제자리를 찾는 영화 세상에서 인공지능의 직경이 커지고 있지는 않은지 자문했고, 고개를 끄덕였다.

사진에서 시작된 영화가 기술 혁신을 통해 발전해 왔다는 사실에 근거하면 인공지능은 영화계에 관심을 불러일으키기 충분하다. 상상 속의 장면을 더욱 쉽게 시각화할 수 있는 인공지능에, 이미지를 항상 고민하는 영화감독이라면 누구든 흥미를 느끼지 않겠는가?

텍스트-비디오 생성 모델은 짧은 시간 안에 영상을 생성한다. 사용 제약과 고품질의 영상 생성에 다소 어려움이 있지만, 누구나 사용할 수 있다. 문장을 입력하면 상상의 장면이 영상 이미지로 만들어진다.

진화를 이끄는 영화

다시 봉준호 감독 이야기다. 봉 감독은 아카데미 시상식에서 〈기생충〉(2019)으로 오스카 작품상을 받았다. 기자회견에서의 인터뷰 내용을 읽어 보자.

> 마틴 스코세이지(Martin Scorsese) 감독을 존경했습니다.

> 함께 노미네이트된 것 자체가 흥분되고 영광스러운 일이죠. 제가 그분 앞에서 상을 받는 게 비현실적으로 느껴졌어요.(Oscars, 2020)

영웅에 대한 헌사였다.

'하지만 헌사, 그 너머를 봐야 한다.' 봉 감독의 수상과 마틴 스코세이지를 향한 헌사를 두고 '봉준호, 거장 마틴 스코세이지를 울렸다'란 국내 언론 기사들이 나왔다. 내용을 읽다 든 생각이다.

사람들의 시선이 봉준호와 마틴 스코세이지의 감정선에 머물렀다. 하지만 고개를 돌려야 할 지점이 따로 있었다. 바로 마틴 스코세이지 감독의 〈아이리시 맨(The Irishman)〉(2019)이 보여 준 기술 혁명이다.

그날 〈아이리시 맨〉은 아카데미 시상식에서 10개 부문 후보에 올랐다. 기대가 컸다. 그러나 무관에 그쳤다. 명망 있는 영화가 되길 꾀했는데 빛이 바랬다. 10개 부문에서 상이 없다니, 이런 점에서 무관은 영화의 가치 폄하로 이어질 수 있었다. 평단은 날 세운 글로 그 지점을 과녁 삼았다.

하지만 역사는 기억한다. 그가 이번 영화를 통해 영화사에서 중요한 지점을 제공했다는 것을, 인공지능을 활용한 영화적 표현 확대로 영화와 기술이라는 이름의 바둑판에 행마와 맥을 선보였다는 것을 말이다.

〈아이리시 맨〉은 배우 로버트 드니로를 시각적으로 어리게 만드는 작업을 시도했다. 영화는 프랭크 시런의 일대기를 다루기에 중년기부터 노년기까지 소화할 수 있는 배우가 필요했다. 감독은 로버트 드니로의 현재 모습을 젊게 보이게 만들어야 했다.

여기에 디에이징 기술이 사용됐다. 그의 외모는 인공지능 기술을 통해 과거, 현재, 미래를 오가며 변했다.

영화의 진화다. 사실, 이 자체는 놀랍지 않다. 영화 역사가 증명한다. 사진술, 컬러, 음향 등 기술 발전이 영화의 여정을 이끌었다. 인공지능의 세찬 바람이 영화의 판도를 뒤흔든 건 과거로부터 이어지는 역사의 한 줄기다.

근거는 '부산국제인공지능영화제', '대한민국AI국제영화제' 등 인공지능 영화제다. '부산국제영화제', '부천국제판타스틱영화제' 등 기성 영화제에서도 AI 섹션을 추가하고 있다니, 말 다 하지 않았는가.

시장의 변화

OTT(Over-The-Top) 서비스를 중심으로 개편되는 콘텐츠 시장을 두고 영화인의 기대와 우려가 교차한다. 영화 관람 방식이 극장 중심에서 스마트폰이나 태블릿PC로 이동하는 추세가 뚜렷하게 나타나기에 드러난 반응이다.

영화는 위기론이 팽배함에도 디지털 세계에서 여전히 중요한 위치에 서 있다. 시스코(Cisco) 비주얼 네트워크 인덱스에 의하면 2022년 기준으로 영상 콘텐츠의 점유율은 인터넷 트래픽의 82%를 차지한다. 사물인터넷(IoT), 소셜네트워크서비스(SNS), 이커머스, 모바일 결제 등 네트워크 관련 서비스가 증가하는 추세를 참작해도 높은 수치다. 한편, 영상 콘텐츠 중에서 장편 영상의 점유율은 62%다. 절반 이상이 러닝 타임이 긴 영상이다. 여기에는 TV 드라마, 다큐멘터리, 웹 시리즈 등 다양한 형태의 장편 영상이 포함된다. 영화만을 의미하지는 않지만, 영화의 비중이 큰 것은 사실이다.

하지만 스트리밍 플랫폼의 확산, 소셜 미디어의 활성화, 모바일 기기의 보급이 영화의 판도를 바꾸고 있다는 사실을 무시하긴 어렵다. 이제 사람들은 언제 어디서나 쉽게 영화를 본다. OTT 서비스는 영화 푯값이 상승하는 극장가와 비교해 저렴하거나 심지어 무료라는 이점이 있다.

SNS 쇼트폼 영상 서비스 확대로 대중의 영상 수용 패턴까지 변했다. 사람들은 이제 짧은 형태의 영상을 선호한다. 10 · 20세대 영상 시청 선호 길이는 약 15분이다. 호흡이 긴 영화엔 도전 자체가 무리인 시간이다.

한편 영상 제작의 벽이 낮아졌다. 과거 전문 영역으로 간주되던 영상은 이제 누구나 만들 수 있는 그 어떤 '흔한 것'이 되었다. 틱톡, 인스타그램 릴스, 유튜브 쇼츠와 같이 스마트폰으로 짧고 재미있는 영상이 만들어진다. 쇼트폼 영상은 빠르게 만들어지고 짧은 시간 안에 전 세계로 퍼진다.

그러나 영화 제작은 아쉽게도 대중이 쉽게 접근하기엔 벽이 여전히 높다. 영화는 고도의 기술과 많은 자원이 있어야 하며, 복잡한 과정을 수반한다. 시나리오 작성, 촬영, 편집, 후반 작업 등 여러 단계를 거쳐야 영화가 완성된다. 전문 인력과 고가의 장비도 필요하다. 변화하는 세태에서 접근성이 낮다는 문제로 그래서 영화는 영상 콘텐츠 시장에 적응하지 못하는 모양새다.

영화의 위기와 인공지능이란 기회

패러다임의 전환은 시장의 변동성을 키운다. 한국 영화는 1970년대에 이미 매체의 패러다임 변화를 경험했다. TV의 대중적 보급이 이뤄지던 격랑의 시절이었다. 당시 극장 관객 수는 1960년대 말 1억7800만 명에서 1976년 7000만 명까지 급감했다. 가장 인기 있던 대중문화였던 영화는 방송 매체에 그 지위를 차츰 뺏겼다. 사람들은 TV로 영화와 드라마를 보기 위해 집에 머물렀고, 극장을 찾지 않았다. 한국 영화는 암흑기를 거쳐 대중적 인기를 되찾게 된 2000년대까지 수십 년 세월 동안 고난의 길을 걸었다. 멀티플렉스를 필두로 한 문화 소비 양상의 다변화가 영화의 회복 탄력성을 도왔다.

현재 한국 영화는 위기이자 변화에 직면했다. 관객은 OTT 플랫폼으로 집에서 영화를 보기 시작했고, 영화 제작자는 활동 반경을 OTT로 넓혔다. 황동혁, 연상호, 한준희 등 쟁쟁한 감독들이 창작 활동 공간을 OTT 플랫폼으로 확장하기 시작할 무렵 영화의 극장 개봉이 눈에 띄게 줄었다. 영화 제작 및 배급의 중심축이 디지털 플랫폼으로 기울었다.

이러한 영화의 위기 속에서 인공지능은 영화의 위기를 타개할 대안을 제시하고 있다. 관객은 인공지능 기술을 활용하여 직접 영화 제작을 할 기회를 얻게 되었다. 인공지능 기반 창작 도구의 발전과 함께 일반 대중이 생활영화 형태로 영화 제작에 참여하는 빈도가 늘어나고 있다. 영화의 암흑기에 비영화인이 영화 발전을 이끈 소형영화운동처럼 인공지능은 관객에게 창작자로서의 역할을 제공한다. 과언이 아니다. 인공지능영화제에 참여하는 대중이 늘었다. 적어도 인공지능이 영화 제작 문턱을 낮춘다는 사실 자체는 의심하지 않는 게 좋겠다.

학자가 꺼리는 용어 중 하나가 구문(舊聞)이다. 이미 들은 이야기로 주장하는 것은 참신함을 중요시하는 연구자에게 헛심만 쓴 꼴이 된다. 구문일 순 있으나, 그런데도 나는 이렇게 말하고자 한다.

"이제는 누구나 손쉽고 저렴하게 창의적인 영상을 제작할 수 있습니다. 인공지능을 통해 시나리오 작성, 촬영, 편집 등 영화 제작 과정에 자동화가 가능할 것입니다. 만약 결과물이 마음에 들지 않으면 신속하게 다시 만들거나 수정할 수 있죠. 혁신입니다. 인공지능은 영화의 프리 프로덕션 단계부터 포스트 프로덕션 단계에 이르기까지 효율성을 극대화할 가능성을 지니고 있습니다."

이 책의 구성과 목적

저서 집필은 다방면에서 인공지능 기술의 발전과 도입이 본격적으로 다루어진 그해 시작됐다. 멀티모달 AI, 비디오 생성 인공지능, 규제, 분산 학습, 인공지능 로보틱스, 지속 가능한 인공지능 등 주요 트렌드가 확장되었고, 이러한 기술은 영화의 가능성으로 이어졌다. 이쯤에서 누군가 연구자의 눈과 영화인의 마음으로 인공지능을 풀어낼 필요가 있다고 생각했다.

이 책의 내용을 관통하는 질문은 '누구나 쉽게 영화를 만들 방법이 무엇일까?'다. 총 10개의 장은 질문에 답을 찾는 여정으로 시종 나아간다.

먼저, 영화의 역사와 기술적 변화를 응시한다. 영화의 탄생과 기술 발전에 따른 영화의 진보 이야기로 시작하여 영화 산업이 직면한 위기와 극복 방안으로 인공지능의 도입과 기회를 탐구한다. 인공지능이 영화에 미치는 영향과 그 배경을 다룬다. 이후, 시장 조사와 타기팅, 아이디어 발굴과 시나리오 작성, 촬영과 시네마 로보틱스, 영상 편집, 컴퓨터 그래픽과 딥페이크, 그리고 인공지능이 촉발하는 윤리적 문제와 미래 전망을 다루는 것으로 끝을 맺는다.

독자의 이해를 돕고자 사례를 마련했으니 다음을 보라.

- 〈폴: 600미터(Fall)〉(2022): 배우의 표정과 입 모양을 일치시켜 영화의 욕설 장면을 제거한 창의적 문제 해결 방안
- 〈빅식(The Big Sick)〉(2017): 영화 시나리오를 분석한 박스 오피스 흥행 예측 모델
- 〈스파이더맨: 노 웨이 홈(Spider-Man: No Way Home)〉(2021): 카메라의 움직임을 자동으로 조정하여 복잡한 액션 장면을 안정적으로 촬영한 시네마 로보틱스
- 〈아이리시 맨(The Irishman)〉(2019): 딥페이크 기술을 활용하여 인물의 외형 변화를 이끈 컴퓨터 그래픽과 딥페이크

이뿐만 아니다. 생각할 거리도 있다.

- 인공지능의 도입으로 인한 윤리적 문제와 사회적 영향
- 저작권 문제와 사회적 대응 방안
- 인공지능을 활용한 창작 과정에서의 관객 역할

폭넓은 주제다. 맹점이 없다고 비난할 수 있으나 독자

의 시야를 거기에만 머물지 않게 하겠다는 취지다. 디지털 시대에 영화의 눈으로 인공지능을 살펴볼 기회로 시야각을 넓힌다면 그보다 좋은 일이 있겠는가.

지경(地境)을 넓히는 것을 바꿔 말하면 미시적 관점 결여로 확대해석할 수 있다. 그러나 때때로 이는 '사회적 통찰력 제고와 통합적 관점 제시'가 이루어져 사회를 이해하고 설명하는 광범위한 담론으로 이어진다. 둘의 균형을 완벽히 맞추지 못하는 저자의 변명 정도로 봐 달라.

미국의 사회학자 이매뉴얼 월러스틴(Immanuel Wallerstein)은 "거시적 관점에서 세계를 이해해야 한다"고 주장했다. 대상을 프레임 안에서 익스트림 롱숏(Extreme Long Shot, 영상 촬영이나 사진 촬영에서 넓은 공간이나 배경을 강조하기 위해 사용하는 구도)으로 포획한다는 것이다. 영화의 제작, 배급, 수용 방식에 가져오는 변화로 결국 더 넓은 사회적 변화를 어떻게 촉발하는지를 이해하는 데 필요한 자세다. 인공지능 비디오 생성 기술로 영화 제작자를 대신하거나 딥페이크 기술로 배우의 역할을 대체하는 것이 단순한 기술적 혁신에 그치는 것이 아니라 예술의 본질에 대한 근원적인 질문 제기로 나아

갈 수 있다.

전술했듯 영화는 기술의 발전과 함께 진화했다. 무성 영화에서 유성 영화로의 전환, 흑백에서 컬러로의 기술적 발전, 최근의 디지털 혁명까지, 영화는 기술과 떼어낼 수 없다.

혁신이라 칭하는 인공지능은 영화 제작의 여러 단계에서 효율성을 높일 기회와 윤리적 문제 야기라는 위협을 수반한다. 그렇다면 인공지능이 영화에 어떤 영향을 미치고 있으며 그 가능성과 한계가 무엇인지 알아볼 필요가 있지 않은가?

그렇기에 이 책은 영화를 향한 인공지능의 새로운 기회와 도전을 물음표 모양으로 빚어 독자에게 던진다. 이를 통해 인공지능의 활용 가능성을 이해하고, 직접 영화 제작에 관심을 두는 데까지 나아가 영화 창작자로 변모하길 강권한다. 또한, 인공지능 기술의 발전이 영화 제작 3단계(프리 프로덕션-프로덕션-포스트 프로덕션)에 어떻게 적용되고 있는지를 설명해 독자들이 인공지능의 실질적인 응용 방안을 스스로 모색하게 만든다.

인공지능 기술을 둘러싼 영화 산업의 현재와 미래를 그려 보자. 인공지능 시대에 관객이 시네필로 머물지 않고, 더욱 적극적이고 비판적인 시각을 가지는 생활영화인으로 거듭나게 만드는 것을 이상적이라 생각하는 시도다.

'영화 제작의 역사와 기술적 진보, 그리고 인공지능의 도입으로 인한 변화와 혁신을 알리고, 독자에게 영화 산업의 새로운 시대를 준비할 수 있도록 하는 통찰력을 제공하자.'

퇴고의 과정에서 뒤늦게 밝히는 필자의 다짐이다.

책의 페이지는 영화의 프레임과 닮았다. 영상의 네모난 프레임 안에서 감독이 관객을 초대하듯, 나는 이 책의 사각형 페이지로 독자를 맞이한다. 프레임은 영화의 세계를 이끌고, 책은 독자의 이야기를 만들어 낸다. 글자가 가득한 이 책의 각 페이지는 마치 영화의 한 장면처럼, 한 컷 한 컷 차곡차곡 쌓여 이야기를 완성한다.

이 책 끝 장의 첫 번째 여백에서 '완독'을 외칠 독자의 힘을 믿는다.

참고문헌

김동민(2017.7.5). [人더컬처] '옥자' 봉준호 "엄청난 CG, 샷당 평균

7000만원 들어". 브릿지경제 뉴스.
https://www.viva100.com/article/201707054073282
영화진흥위원회(2024). 2023년 한국 영화산업 결산 보고서.
CISCO(2018). 비주얼 네트워킹 인덱스 2017~2022년 전망 및 추세. https://www.cisco.com/c/dam/global/ko_kr/solutions/service-provider/visual-networking-index-vni/pdfs/white-paper-c11-741490-kr.pdf
Economou, V.(2024.5.16). The role of AI in the film sector takes centre stage at Cannes Nextcineuropa. https://cineuropa.org/en/newsdetail/462400/
Oscars(2020). Bong Joon Ho wins Best Director | 92nd Oscars(2020). https://www.youtube.com/watch?v=ekMl5VHBH4I

01
영화와 기술

기술의 발전에 따라 변화한 영화의 이야기 전달 방식을 살펴보자.

AI와 1인 창업?

환상을 엿보는 기회

> 영화는 우리의 꿈과 같으며, 종종 우리의 일상보다 더욱 진실로 다가섭니다.(Bookey, n.d.)

마틴 스코세이지(Martin Scorsese)의 말이다. 그는 영화가 상상의 힘을 지니고 있다고 믿었다. 현실의 반영에 충실하기보다 더 큰 진실을 담고 있는 환상의 길로 인도하는 것이 영화라는 것이다. 그는 영화가 단순한 기술적 작업의 결과물이 아니라 예술적 표현과 창의적 과정에서 탄생함을 강조하였다.

영화는 환상이다. 영화의 장면은 감독의 상상에서 출발한다. 상상은 이미지로 변환되어 스크린을 통해 생생하게 살아난다.

BBC(British Broadcasting Company, 영국방송공사) 선정 21세기 최고의 영화가 무엇일까? 그건 바로 〈멀홀랜드 드라이브(Mulholland Drive)〉(2001)다. 데이비드 린치(David Lynch) 감독은 영화가 관객의 감정과 상상력을 자극하는 방식으로 그만의 영화 세계를 영화에서 펼쳐 보였다.

> 영화는 우리가 실제 삶에서 경험하기에 위험하거나 이상한 경험을 하게 만들죠…. 영화에서 중요한 것은 균형과 감정입니다. 영화에는 반드시 대조와 강렬한 요소가 있어야 전체적인 경험이 완성되는 것이니깐요.(BBC, 2023)

그는 BBC와의 인터뷰에서 환상을 향한 영화의 역할을 강조하였다. 그에게 영화는 다른 세계로의 창이며, 그곳은 모든 것을 가능하게 하는 상상의 영역이다. 그는 영화가 현실의 한계를 넘어 환상을 제공한다는 말을 믿었다.

영화는 우리의 상상력을 자극하고, 새로운 세계로 인도하며, 그 속에서 현실보다 더 큰 진실을 전달한다. 환상을 현실로 만드는 창의적이고 예술적인 여정이다. 관객은 일상의 제약을 벗어나 자유롭게 상상하고 꿈꿀 기회를 얻는다. 그렇기에 일각에선 영화를 〈이상한 나라의 앨리스〉에서 앨리스를 이상한 나라로 인도한 토끼로 보지 않겠는가.

영화의 시작과 일상 기록

19세기 후반으로 거슬러 가 보자. 유럽에서 2차 산업혁명이 촉발됐다. 증기기관, 방적기 등 발명품이 산업을 주도했다.

당시 현실 세계를 가능한 한 정확하게 재현할 방법을 고민한 곳은 미술계였다. 작가들은 카메라 옵스큐라(Camera Obscura, 작은 구멍을 통해 빛을 받아들여 상자 내부에 외부 풍경을 거꾸로 투영하는 장치)로 원근법을 정확히 일치시켜 풍경을 그려냈다.

이것이 스마트폰의 액정 화면을 손가락으로 몇 번 누르는 것만으로 사진을 찍는 우리에겐 얼마나 어려운 일인지 쉽게 이해할 바가 아니지만, 사진 촬영이란 개념이 없던 당시 카메라 옵스큐라 활용이 사실주의적 경향을 충족하는 과학적인 방법이었다.

1826년 중대한 역사적 사건이 조제프 니엡스(Joseph Niépce)에 의해 일어났다. '헬리오그래피(Heliography)'라는 사진술로부터 최초의 사진이 등장했다. 그는 렌즈가 달린 어두운 상자를 이용해 감광판에 풍경을 기록한 후 요오드 기체를 쏘아 양화상을 얻었다. 이미지 기록이 가능해졌다. 재현 방식의 혁명이었다.

이후 1878년 에드워드 마이브리지(Eadweard Muybridge)의 연속 사진 실험으로 움직임을 영상으로 포착하는 변혁적 순간은 영화 탄생에 실마리를 제공했다.

초기 영화는 새로운 예술 장르를 담보한 매체라기보다 기록의 형태였다. 1895년 뤼미에르(Lumière) 형제가 상영한 최초의 영화를 보라. 일상생활의 모습을 담은 기록물이었다. 뤼미에르 형제는 프랑스 그랑카페에서 뤼미에르 공장에서 퇴근하는 사람들과 같이 일상생활 모습을 담은 영화를 상영했다. 토머스 에디슨(Thomas Edison)의 '키네토스코프(Kinetoscope)'도 비슷한 양상을 보였다. 관객은 키네토스코프의 작은 창을 통해 키스, 권투, 스트립쇼 영상을 봤다. 영화는 현실을 기록하고 전달하는 도구로서 그 역할이 강조되었다.

영화 기술의 발전

'〈달나라 여행〉(1902).'

기술 발전이 영상예술의 태동을 이끈 대표적인 사례다. 마술사이자 영화 제작자인 조르주 멜리에스(Georges Méliès)가 만든 영화다. 이 영화는 영화가 단순한 기록을 넘어 이야기 창조의 장이 될 수 있음을 밝혔다. 그는 특수 효과와 스토리텔링을 결합한 방식으로 관객의 상상력을 자극했다. 새로운 시각적 경험을 제공할 수 있는 매체가 영화임을 영화로 이야기했다.

1920년대와 1930년대에는 영화 카메라와 필름 기술이 발전하면서 더욱 정교한 이미지 추출이 가능해졌다. 영화는 단순한 기록을 넘어 예술적 표현의 도구로 발전했다. 예술적 스토리텔링과 시각적 효과의 결합은 영화를 현실을 넘어서 환상을 창조할 수 있는 매체로 변모시켰다.

이후 영화는 다양한 장르와 예술적 시도를 통해 작가적 날인을 담보하는 매체로 발전했다. 관객들에게 새로운 시각적 경험과 감정을 전달했고, 단순한 현실 기록을 넘어 창의적 예술 형태로 진화했다. 영화 기술의 발전과 함께 영화는 창조의 장소로 탈바꿈한 것이다.

이후 스토리텔링을 효과적으로 표현하기 위한 시도가 이어졌다. 촬영 기법, 아이디어 수렴, 시나리오 작성, 배우 캐스팅, 세트 디자인 등 다양한 요소가 등장했다.

특히, 영상 예술로의 전환에 중요한 역할을 한 건 편집 기술이었다. 초기 영화에서는 촬영된 영상을 단순히 이어 붙이는 방식이 사용되었으나, 점차 필름을 자르고 붙이는 편집 기술이 도입됐다. 이러한 작업은 영화의 흐름과 리듬을 조절하고, 특정 장면을 강조하거나 생략함으로써 스토리텔링의 효과를 극대화했다.

기술 발전에 따른 영화의 진보

영화는 기술의 진보가 이루어진 3차 산업혁명과 함께 급격한 변화를 겪었다. 기술은 관객의 경험, 배급, 상영 방식뿐만 아니라 영화 제작 방식까지 다양한 범위에서 영향력을 확장했다.

> 오늘날 내가 상상할 수 있는 모든 것을 영화에서 실현할 수 있다.

〈쥬라기 공원(Jurassic Park)〉(1993)으로 영화의 디지털 시대를 알린 스티븐 스필버그(Steven Spielberg) 감독이 〈죠스(Jaws)〉(1975) 촬영 당시 기계로 만든 상어가 고장 난 때를 회상했다. 기술적 한계가 창의적 표현에 걸림돌이 된 사례다. 기계 상어의 고장으로 감독의 상상력이 충분히 발현되지 못했다.

> (다시 찍는다면) 비용이 훨씬 더 많이 들겠지만, 결코 고장 나지 않을 디지털 상어를 사용할 것입니다.(Pirelli, 2016)

표현의 아쉬움을 아는 이의 반응이다. 그리고 기술의 힘이다. 영화 기술의 발전이 현대 영화 제작 방식에 큰 영향을 미치고 있음을 이미 스필버그 감독은 알았다.

과거에는 구현이 어렵던 기술이 영화 산업에 도입되고 있다. 이로 인해 영화 제작의 전반적인 과정이 혁신적 변화의 소용돌이 속에 있다. 기술이 영화의 시각 효과, 제작 과정의 효율성, 감독의 창작 자유도에 영향을 미치는 까닭이다.

고해상도 카메라와 드론 촬영은 영화에 시각적 효과를 더해 관객에게 몰입감을 준다. 디지털카메라는 영화 제작의 효율성을 크게 높였다. 드론이 과거에는 불가능했던 각도에서 촬영할 수 있게 만든 것은 덤이다. 단순히 버즈아이 뷰(Bird's Eye View, 하늘에서 내려다보는 시점)만 제공하는 것이 아니라 피사체를 따라다니며 다양한 각도의 이미지를 생성한다.

영화 배급과 상영 방식도 달라졌다. 오늘날 우리는 극장뿐만 아니라 다양한 스트리밍 플랫폼을 통해 언제 어디서든 영화를 본다.

영화 기술의 발전은 영화 예술의 경계마저 넓힌다. 시각적 효과를 높이는 것에 그치지 않고, 영화 제작의 창의성과 표현의 자유를 제공한다. 기술적 혁신은 영화가 강력한 영상예술 매체로 자리 잡는 데 기여하고 있다.

참고문헌

BBC(2023.5.26). David Lynch interview: 'Even in the so-called dark things, there's beauty'. https://www.bbc.com/culture/article/20230525-david-lynch-interview-how-the-mulholland-drive-director-worked-with-composer-angelo-badalamenti

Bookey(n.d.). 30 Best Martin Scorsese Quotes With Image. https://www.bookey.app/quote-author/martin-scorsese

Pirelli(2016.7.12). The future of cinema, according to Steven Spielberg. https://www.pirelli.com/global/en-ww/life/lifestyle/arts-culture/the-future-of-cinema-according-to-steven-spielberg-49999/

02

영화의 위기

영화의 위기다. 디지털 트렌드와 극장의 생존 사이에서 중요한 변곡점을 찾아보자.

AI와 MBTI?

상승과 하락

최근 한국 영화의 세태를 보면 도유승강(道有昇降)이 떠오른다. '오르고 내림을 인도하다'란 뜻인 이 사자성어는 변화와 주기를 반복하는 현상을 의미하며, 일반적으로 경제 활동의 주기성, 시장 동향 등의 설명에 뒤따른다. 팬데믹 전후로 내림세를 걷던 한국 영화가 다시 회복세로 돌아선 현재 딱 들어맞는 표현이다.

2010년대는 바야흐로 한국 영화의 황금기였다. 극장을 찾는 사람들이 가득했고, 세계 유수의 영화제는 한국 영화를 주목했다. 〈명량〉, 〈부산행〉, 〈7번방의 선물〉 등 1000만 관객 영화가 연이어 등장했고, 프랑스 칸 영화제, 이탈리아 베네치아 영화제, 미국 아카데미 시상식 등 명망 있는 국제영화제가 〈기생충〉, 〈시〉, 〈버닝〉 등 한국 영화를 주목했다.

한국은 그래서 한때 세계에서 가장 주목받는 영화 시장이었다. 게다가 우리는 전 세계에서 1인당 영화를 가장 많이 보는 국가였다.

여기서 주목할 점은 자국 영화의 점유율이 무려 50%가 넘었다는 것이다. '애개?'라고 말할 정도는 아니다. 높은 점유율이다. 할리우드 영화의 거친 공세로 영화의 발원지라 불리는 프랑스에서도 자국 영화 점유율이 그리 높지 않다. 2022년 기준 그 수치가 41.1%다. 우리보다 낮다. 영국은 30.1%이고, 독일은 27% 정도에 그친다. 유럽 국가 간 국제 공동 제작으로 다국적 영화 편수가 많은데도 자국 영화 점유율이 낮다는 것은 할리우드 영화의 영향력이 그만큼 크다는 방증이다.

자국 영화 점유율이 높은 국가는 미국(95.9%), 인도(88%), 중국(84.8%), 일본(68.8%), 한국(55.7%) 정도다. 자국 영화 점유율이 높다는 것은 투자-제작-재투자란 선순환 구조로 산업적 성장이 가능하단 의미다.

그런데 국내에서 2020년 1월 20일 코로나 환자가 처음으로 발생한 이후, 정부는 국가 폐쇄 정책을 시행했다. 대면 활동이 제한됐다. 극장을 찾는 관객 수가 급감했고, 영화계엔 곡소리가 이어졌다. 팬데믹의 장기화와 사회적 거리 두기로 영화 산업이 흔들렸다. 투자가 이루어지지 않았고 엎어지는 영화가 나오기 시작했다.

국내만의 문제가 아니었다. 할리우드 배우 톰 크루즈(Tom Cruise)는 당시 상황을 이렇게 기억한다.

〈탑건: 매버릭(Top Gun: Maverick)〉(2022) 영화 작업을 하

고 있었어요…. 촬영을 위해 이탈리아로 떠나기 며칠 전, (탑건 영화 제작사인) 파라마운트로부터 전화를 받았습니다. 그들은 '영화 제작을 중단해야겠습니다'라고 했죠. 솔직히 말해서 망치로 얻어맞은 것 같았습니다.(Empire, 2021)

세계 상업 영화의 중심 할리우드조차 이 지경인데, 국내 영화 제작사들은 어땠을까. 지금에서야 '그때, 고생했지'란 표현을 쉽게 하지, 당시엔 속된 말로 정말 죽을 맛이었을 거다.

2022년 4월 18일, 정부는 드디어 코로나19로 인한 사회적 거리 두기를 전면 해제했다. 일상 복귀의 시작이었다. 극장이 코로나 이전 수준으로 회복될 것이란 기대와 활기를 되찾을 것이란 믿음이 커졌다.

그러나 예상과는 달리 관객은 극장을 외면했다. 2019년 2억2668만 명이었던 관객 수는 2023년 1억2514만 명으로 줄었다. 2019년 1조9000억 원이던 영화 산업 규모는 2023년 1조2000억 원 규모에 그쳤다. 팬데믹 이전과 비교해 절반 수준이었다.

영화진흥위원회는 2023년 한국 영화 산업 결산 보고서에서 위축 분위기 팽배로 한국 영화에 비관적인 전망이 드리우고 있음을 지적했다.

언론은 팬데믹 기간 영상 콘텐츠 수용 양상이 개인화된 것이 굳어져 관객이 극장을 찾지 않는다고 했다. 일각에선 한국 영화가 돌아오지 못할 강을 건넌 게 아니냐는 우려 섞인 목소리를 냈다.

OTT의 부상과 극장의 생존 전략

> 패러다임의 변화에 따른 코드커팅 현상이다.(Madhani & Joshi, 2023)

경영학자인 리팔 마다니(Ripal Madhani)가 OTT의 영향력을 두고 한 말이다. 시청자들이 온라인을 기반으로 한 뉴미디어에서 영상 콘텐츠를 본다는 얘기다. 그녀는 논문에서 기성 매체의 위기를 적나라하게 드러냈다.

극장의 사정도 다를 바 없다. 시장 역학의 변화다. 스트리밍 콘텐츠의 확산으로 사람들이 OTT에서 영화를 보는 것을 선호하게 되면서 극장을 찾는 발걸음이 줄었다. 관객은 특정 시간에 극장을 찾을 필요 없이 언제 어디서나 OTT 플랫폼에서 영화를 보게 되었고, 서비스 제공자는 사용자 경험을 크게 향상해 개인의 취향에 맞춘 영화를 쉽게 찾을 수 있도록 도왔다. 개인화된 영상 콘텐츠 추천 시스템이었다.

OTT의 부상은 전통적인 영화 산업에 위협 요소로 작용하고 있다. 극장 관객 수의 감소는 재정 악화를 초래해 지속 가능한 영화 제작 환경에 악영향을 끼친다. 많은 영화가 극장과 OTT 플랫폼에 동시 개봉된다. 극장 개봉을 하지 않고 스트리밍 서비스를 바로 하는 사례도 늘고 있다. 전통적인 영화 산업 방식이 흔들리고 있다.

'관객 유치를 위한 안간힘.'

아이맥스(IMAX), 4DX, 돌비 시네마 등 특수 상영관을 중심으로 한 영상 콘텐츠 수용 양상의 다변화를 꾀하는 영화계의 전략이다. 극장이 넋을 놓고 있던 것만은 아니다. 여기서 극장의 승부수는 특별한 경험이다. 뛰어난 화질과 음향, 몰입감을 제공하여 OTT 플랫폼과 차별화하는 것이다.

일부 극장은 고급 레스토랑 수준의 음식을 제공하거나 VIP 전용 라운지, 리클라이너 좌석, 테이블 서비스 등 다양한 부가 서비스를 통해 관객들에게 단순한 영화 관람 이상의 경험을 제공하는 전략을 취한다. 이러한 전략은 극장을 더욱 매력적인 장소로 만들어 OTT 플랫폼에 대항하는 것이다. 관객을 극장으로 끌어들이기 위한 생존 전략이다.

참고문헌

지인해(2023). 국내 OTT 산업 및 기업의 주요 현황과 시사점. 미디어 이슈&트렌드. https://www.kca.kr/Media_Issue_Trend/vol54/download/KCA_Media_Issue_Trend_vol54_Featured_Report_02.pdf

Empire(2021.6.3). How Tom Cruise Got Hollywood Moving Again During The Pandemic – World-Exclusive. https://www.empireonline.com/movies/features/how-tom-cruise-got-hollywood-moving-again-during-the-pandemic-world-exclusive/

Madhani, R. & Joshi, S.(2023). The Paradigm Shift: Unveiling the Transformative Influence of OTT Video Platforms on Conventional Television Channels. *Journal of Propulsion Technology*. 44(6). p.1766.

03
인공지능의 활용과 기회

변화의 시대, 인공지능의 역할을 알아보자.

AI와 난임 극복?

변화의 시대

때로 영상 패러다임은 콘텐츠 유통 방식의 변화로 전환된다. ≪미디어 이슈&트렌드≫에서 이성민 교수가 제시한 예는 한국형 스튜디오다. 그는 독립 제작사들과 유기적 연결을 강화한 스튜디오의 등장으로 콘텐츠 기획-제작 구조의 변화가 일어났다고 주장했다. '콘텐츠 유통 부문이 OTT를 중심으로 재편되면서 나타난 유통 경로의 다양화'가 체질 개선의 촉매제가 됐다는 게 골자다.

팬데믹이 초래한 변화다. 2021년엔 웹소설·웹툰 전문사 스토리위즈가 중소 규모의 제작사와 협력해 영상 콘텐츠를 제작했고, 2022년엔 스튜디오드래곤이 CJENM과 협력해 드라마 장르를 중심으로 콘텐츠 제작을 시작했다. 제작 현장을 중심으로 콘텐츠 제작 환경이 재편되는 양상이다. 이런 사례들이 '콘텐츠 제작에 쏠리는 힘이 중앙에서 주변으로 퍼져 나가고 있다'는 주장의 근거다. 콘텐츠 유통 경로의 다양화가 기존의 패러다임을 변화시킨다는 논리다.

한때 중소 규모의 영화 제작사는 콘텐츠 산업에서 변방에 머물렀다. 기존 극장은 상영 우위의 구조를 가졌다. '스크린 독점'으로 영화의 다양성이 보장되기 어려웠다.

콘텐츠의 양적 팽창이 그래서 어려웠다. 유통 경로가 뻔하기 때문이다. 영화를 만들면 뭐 하나? 상영을 못 하니깐, 흐름에서 벗어나면 콘텐츠가 사장됐으니 말이다.

OTT 덕분이라고 해야 할까, 영화는 그래서 기회의 순간을 맞았다. 극장이 쇠퇴한 반면 플랫폼 확대로 영상 콘텐츠 유통 경로의 다양화가 이뤄졌다.

한편, 더욱 복잡해진 공정과 비용 상승은 또 다른 변화를 초래했다. 디지털카메라, 로봇, VFX(시각 효과), VR(가상현실) 등 새로운 기술이 도입되고 영화에 대한 관객의 기대치가 높아지면서 영화의 완성도를 높이기 위한 작업이 정교하고 복잡해졌다. 배우와 스태프의 임금 인상, 고품질의 시각 효과와 후반 작업을 위한 비용 증가 등 여러 요인이 제작비 상승을 부추기도 했다.

변화의 시대에 적응하고 경쟁력을 유지하기 위해서는 혁신이 필요하다. 일각에서 인공지능의 도입을 강력하게 주장하는 배경이다. 인공지능이 영화 제작의 단계를 효율화하고, 새로운 관객 경험을 제공하며, 제작비 절감을 통해 영화 산업의 지속 가능한 발전을 도울 수 있는 잠재력을 지니고 있음을 이야기한다.

영화와 인공지능 기술

20세기 초 무성 영화부터 오늘날의 디지털 시네마를 아래위로 톺아보면 영화가 기술적 혁신과 불가분의 관계에 놓여 있다는 것을 알게 된다. 무성 영화에서 유성 영화로의 전환은 영화사에 큰 기술적 변혁을 불러일으켰다. 인물의 대사와 음악이 동반된 유성 영화는 기술적 진보와 함께 영화의 서사적 표현을 풍부하게 만들었다. 영화는 시각적 스토리텔링뿐만 아니라 소리를 통해 감정과 이야기를 전달할 수 있는 강력한 매체가 되었다.

VFX는 영화 속에서 현실적으로 구현하기 힘든 장면을 디지털 기술로 만들어 냄으로써 영화의 상상력과 표현력을 확대했다. VFX의 발전은 영화의 시각적 상상력을 확장해 오늘날의 디지털 시네마에서 중요한 중심축이 되었다.

21세기, 여기 기술의 중심에 인공지능이 서 있다. 인공지능은 데이터 분석, 자연어 처리, 컴퓨터 비전 등 다양한 분야에 영향을 미치고 있다. 영화 산업에서는 관객 선호도 분석, 영화 제작, 편집, 마케팅 등 다양한 영화 제작 과정에서 인공지능의 활용 가능성이 드러나고 있다.

영화가 인공지능을 주목할 이유가 있다.

첫째, 제작 과정의 효율성이다. 인공지능은 반복적이고 시간이 많이 소요되는 작업을 자동화함으로써 영화 제작의 효율성을 극대화한다. 이는 기획, 촬영, 편집, 후반 작업 등 영상 제작 과정의 전반에 영향을 끼친다. 특히, 인공지능을 이용하여 영상 및 음향 편집 과정을 자동화하고, 최적의 편집 방안을 제안함으로써 포스트 프로덕션 단계에서 효율성의 증대가 이뤄진다.

둘째, 창의적 스토리텔링 지원이다. 인공지능 기술을 활용하여 시나리오 작성 과정에서 작가들에게 유용한 피드백과 새로운 아이디어를 제공함으로써 더욱 창의적이고 독창적인 스토리텔링 개발을 돕는다. 인공지능은 기존 작품의 분석을 통해 성공적인 요소를 도출하고, 이를 기반으로 스토리텔링 구조와 캐릭터 개발을 돕는다.

셋째, 촬영의 자동화다. 인공지능을 활용한 로봇 카메라 기술을 통해 복잡한 촬영 기법을 자동화하고, 기존에 구현하기 어려운 장면을 기기를 활용하여 만들어 낸다. 위험한 장소에서도 안전하고 정교한 촬영이 가능해진다.

넷째, 개인화된 콘텐츠 추천과 마케팅 전략이다. 관객의 취향과 행동 데이터를 분석하여 맞춤형 콘텐츠 추천과 개인화된 마케팅 전략을 제공하는 것이다. 이를 통해 관객의 참여와 만족도를 높이고, 영화의 흥행을 불러온다.

인공지능을 향한 우려

올해 모 대학 석사학위 논문 심사에서의 경험이다. 인공지능이 60%의 직업에 영향을 미쳐 인간의 일자리가 사라질 위기에 처했다고 국제통화기금(IMF)이 우려하던 시기였다.

심사 논문을 읽어 보니, 문체가 어지러웠다. 사람마다 성격이 다르듯이 글의 문체는 달리 나타나는데, 해당 글은 마치 둘 이상의 누군가가 글을 나눠 쓴 듯했다.

학생에게 "문체가 일관성이 없고 어색합니다. 어디서 긁어 온 자료를 한데 모은 것처럼 보이네요"라고 말했다. 그리고 학생이 답했다.

> 챗지피티(ChatGPT)를 쓰긴 했는데, 인터넷 자료를 그대로 가져온 건 아니에요.

웬 챗지피티? 의아하던 찰나, 무언가 머리를 스쳤다. 챗지피티가 글을 써 준다는 것이 말이다. 인공지능 기술이 이제 학문을 검증하는 학위 논문 심사 자리까지 밀고 왔구나 싶었다. 논문에 인공지능을 쓴 학생의 신통함과 답답함이 양가적 감정으로 밀려왔다.

대학 학부 수업에서도 경험했다. 교수법 중 PBL (Problem Based Learning) 방식이 있다. 학생 스스로 문제를 발견해 해결점을 찾는 문제 중심 학습법이다. 유독 과제를 빨리 제출하는 학생이 있었는데, 아이디어 수립뿐만 아니라 글쓰기에 시간 소요가 상당할 텐데도 제출 속도가 다른 학생에 비해 월등히 빨랐다. 챗지피티를 사용했다는 학생의 고백이 없었다면 그는 나에게 여전히 뛰어난 학생으로 기억됐을 것이다.

그네들이 잘했다는 말을 하고자 꺼낸 이야기가 아니다. 이를 학문과 윤리적 문제를 결부 지어 생각해야 한다. 이런 사례에 적용되는 인공지능의 윤리적 문제에 관한 사회적 논의가 이루어지고 있다. 인공지능이 생성한 글이 사용자가 쓴 것이라 할 수 있는지, 그리고 저작권이 누구에게 귀속되어야 하는지가 중요 쟁점이다. 또한, 인공지능은 방대한 데이터 세트를 학습하여 글을 쓰기 때문에 표절 시비가 발생할 수 있다. '인공지능을 고깝게 보지 마세요'라고 말하기 어려운 대목이다.

영화 〈폴: 600미터〉와 인공지능

서바이벌 생존 스릴러 영화 〈폴: 600미터(Fall)〉(2022)에 빠질 수 없는 욕설 에피소드가 있다. 배우와 감독이 영화 촬영 현장에서 다퉜다는 이야기는 아니니, 잘 들어 보자.

해당 영화를 만든 스콧 만(Scott Mann) 감독은 제작 과정에서 주연 배우들에게 자연스럽고도 재밌는 즉흥 연기를 요구했다. 이 과정에서 배우들은 욕을 내뱉었고, 영화에 총 35번의 욕설 장면이 그렇게 만들어졌다. 이 과정에서 감독은 자연스러운 연기를 위해 욕이 뭐 대수냐 했을 것이다.

그런데 포스트 프로덕션 단계에서 라이온스게이트 배급사가 욕설 장면을 빼길 원했다. 영화 관람 등급이 높아져 수익이 줄어들 수 있으니 PG-13등급(전체 관람가지만, 부모의 주의가 요구되며 13세 미만에게는 보호자 동반이 권고) 수준인 영화를 바랐다.

만 감독은 당시를 이렇게 회상했다.

> 이 영화는 제가 만든 영화 중에 가장 힘들었어요. (욕설) 문제를 어떻게 해결할지 고민이 컸죠. (SciFiNow, 2022)

쉽게 해결하기 어려운 문제다. 영화 촬영 당시 로케이션 현장이 산꼭대기인 데다가 허리케인과 토네이도 등 날씨 문제로 촬영이 지연되어 제작 진행이 원활하지 않았는데, 재촬영을 해야 하다니 감독의 고민이 컸을 법하다. 비용이 많이 들고 시간 소요도 크니 그의 마음이 이해가 된다.

편집 과정에서 배우의 욕설 장면만 처리하면 될 것 같지만, 사실 그게 어렵다. 욕설 부분만 잘라내고 앞뒤 장면을 이어 붙이면 부자연스러운 결과물이 나타난다. 자연스럽게 흘러가던 영상에서 연기자의 행위가 시간을 뛰어넘는 점프컷처럼 장면에 튀는 느낌이 든다.

만 감독이 고민 끝에 찾은 해결 방법은 인공지능이었다. 컴퓨터 기술로 새로운 대사 녹음과 일치하도록 영화 장면의 얼굴 표정과 입 모양을 자연스럽게 수정했다. 만 감독은 인공지능 개발 업체 플로리스의 소프트웨어를 사용해 해당 장면들을 수정했다.

배우가 발음할 때 나는 소리와 그 소리를 낼 때의 얼굴 표정을 식별하고, 새로 녹음된 대사를 제시하여 화면상에서 소리를 낼 때의 얼굴 표정을 일치시킨다. 단순히 수십 개의 욕설을 화면에서 삭제한 것이 아니라, 배우가 말하는 내용 자체를 시각적 언어와 함께 변경한 것이다.

인공지능의 역할론에 관한 의견이 분분한 상황에서 인공지능은 영화에 변혁을 불러일으키는 사례를 차곡차곡 쌓고 있다. 인공지능이 기술적 차원을 넘어 감독의 창의적 활동에 긍정적인 영향을 주는 사례가 늘고 있다는 것은 인공지능이 단순히 제작 과정의 효율성이나 비용 절감의 도구에 그치지 않고 감독의 비전을 지원하는 중요한 역할을 하고 있음을 의미한다.

참고문헌

이성민(2022). OTT로 인한 콘텐츠 제작/유통 시스템의 변화: 스튜디오 시스템을 중심으로. ≪미디어 이슈&트렌드≫, 51, 7-8쪽.

SciFiNow(2022.8.29). Fall Exclusive Interview With Director Scott Mann. https://www.scifinow.co.uk/cinema/fall-exclusive-interview-with-director-scott-mann/

04
시장 조사와 타기팅

영화산업의 변화 속에서 인공지능을 활용한 관객 맞춤 전략을 눈여겨보자.

AI와 사주?

예술성과 대중성, 그 사이에서

> 영화를 연출할 때 항상 관객의 입장에서 생각합니다. 왜냐하면 저도 관객이기 때문이죠.(Tallerico, 2014)

세계적인 거장 스티븐 스필버그 감독의 말이다.(『스티븐 스필버그 콜렉션(Steven Spielberg Director's Collection)』). 주로 감독과 관객의 관계를 강조하는 문맥에서 인용된다.

그의 영화 철학을 드러내는 워낙 유명한 말이라 이에 대한 의견이 분분하다. 크게 두 가지다.

먼저 예술 중심적 사고다. 그의 영화가 지나치게 감상적이고 대중의 기호에 너무 치중한다는 것이다. 감독이란 모름지기 영화를 대중이 아닌 예술적 목적을 달성하기 위해 나아가야 하는데, 그의 영화 대부분이 그렇지 못하다는 것이다. 예술가의 자질이 부족하다는 시각이다.

그리고 대중을 우선으로 생각해야 한다는 의견이다. 관객이 영화에서 무엇을 기대하고, 어떻게 즐길 것인지를 고려한다. 감독이 대중과의 적극적 소통을 영화 제작에 반영해야 한다고 보는 것이다. 이것이 스필버그 감독이 영화 시장에서 오랫동안 성공적인 커리어를 유지할 방법임을 강조하면서 말이다.

스티븐 스필버그의 발언과 그에 대한 논쟁은 영화의 예술성과 대중성 사이의 균형이 논점이다.

예술성이 강조된 영화를 볼 때는 관객이 더욱 깊고 진지한 감정을 경험한다. 심오한 주제와 비선형적 이야기는 관객에게 지적 자극을 제공하고, 관객은 영화를 단순히 보는 것 이상으로 영화를 자기 식으로 해석하고 분석한다. 그러나 주제나 표현이 복잡하고 추상적인 경우가 많아 대중이 이해하고 즐기기엔 어려움이 있다. 이로 인해 관객층이 제한되고 흥행이 되지 않는 영화가 많다.

반면, 대중성이 강조된 영화는 간단한 스토리 구조, 속도감 있는 전개, 화려한 시각 효과 등을 통해 관객의 눈을 사로잡기 때문에 종종 극단적으로 대중성이 강조된 영화는 관객의 영혼을 보듬지 못한다.

예술성과 대중성은 영화에서 중요한 두 축이다. 어느 한쪽에 치우치기보단 균형이 맞아야 한다. 이 둘은 개별적으로 판단할 것 없이 영화의 본질적인 요소다. 이 둘 사이의 균형을 어떻게 맞추느냐가 중요하다.

다음은 예술성과 대중성 사이에서 갈등하느냐는 질문에 대한 스필버그 감독의 답변이다.

> 항상 고민하는 문젭니다. 하지만 오락적이고 단순한 스토리를 가진 영화라고 해도 예술성을 빼먹으면 안 됩니다.(Tallerico, 2014)

성공적인 영화를 위한 시장 조사와 타기팅

전술한 스필버그 감독의 영화론에 동조한 저자가 한마디 말을 거들어 본다.

'관객은 영화를 완성하는 핵심 요소'

영화 제작자는 영화의 성공을 위해 관객을 우선 고려 대상으로 다룬다. 영화는 시장 조사를 통해 관객의 선호도를 분석하고, 트렌드를 예측하며, 영화의 성공 가능성을 높이는 전략을 수립한다.

시장 조사와 타기팅은 영화 산업에서 관객의 선호도를 이해하고 이를 기반으로 영화 제작 및 마케팅 전략을 수립하는 중요한 과정이다. 설문조사, FGI 그룹 인터뷰(Focus Group Interview, 특정 주제에 대해 심층적인 의견을 수집하기 위해 진행되는 소규모 그룹 토론 방식의 인터뷰), 데이터 분석 등 질적, 양적 조사가 복합적으로 이뤄진다. 이런 분석은 대부분 통계학적 데이터에 의존한다. 표본 그룹의 영화 선호도, 시청 습관, 영화에 대한 기대 등을 조사하는 방식이다.

그러나 이러한 방식은 시간과 비용이 많이 든다. 또 영화 산업의 트렌드나 관객의 선호도가 빠르게 변화해 시의적인 측면에서 고려하자면 대응이 느리다. 조사와 분석에 시간 소요가 클수록, 그 결과는 현실과 괴리될 가능성이 커진다.

성공적인 영화는 관객의 이해에서 비롯된다. 관객은 극장에 푯값을 내는 소비자이자 동시에 날카로운 시각을 지닌 비평가다. 그렇기에 관객의 요구와 기대를 정확히 파악하는 것이 중요하지 않겠는가.

할리우드에는 슈퍼히어로 코미디 영화 〈데드풀(Deadpool)〉 시리즈가 있다. 이 영화는 B급 감성의 블랙코미디를 무기로 성인 코믹북 팬들을 주요 타깃으로 삼아 R등급(15세 이상 관람가와 청소년 관람 불가 사이)을 활용한 마케팅 전략을 펼쳤다. 독특한 유머 코드를 바탕으로 한 바이럴 영상과 소셜 미디어 활용은 타깃 관객과 공감대를 형성하며 대중적인 인기를 얻었다.

관객 분석과 인공지능의 역할

영화 산업은 오랜 시간 변화의 파고를 넘었다. 기술의 발전과 함께 관객의 취향과 선호도가 변하는데, 관객 분석은 그러므로 영화의 위기 속에서 그 어느 때보다 중요하다고 할 것이다.

인공지능의 발전은 소비자 행동을 예측하고 광고 캠페인을 개인화로 이끌었다. 오늘날에는 인공지능 알고리즘이 방대한 데이터를 처리하여 잠재 관객의 생활 양식, 사회적 행동, 시청 습관 등 세부적인 정보를 고려할 수 있게 되었고, 이러한 데이터를 토대로 영화 제작자는 특정 관객 세그먼트(Audience Segment, 특정 콘텐츠나 서비스, 제품을 소비할 가능성이 높은 관객을 여러 하위 그룹으로 나누는 것)를 타기팅하여 관객의 참여를 이끌어 낸다.

인공지능은 관객 선호도 예측에 활용된다. 관객의 시청 습관, 소셜 미디어와의 상호작용, 박스 오피스 트렌드에 대한 과거 데이터 분석을 토대로 어떤 영화가 흥행할지 예측하는 식이다. 특히, 인공지능은 특정 그룹이 어떤 유형의 영화를 선호하는지 파악하는 데 유능하다. 관객을 분석함으로써 더욱 정교한 타기팅이 가능해진다.

또 인공지능은 소셜 미디어 플랫폼, 포럼 및 리뷰 사이트에서 데이터를 수집하여 관객이 줄거리 전개, 캐릭터 설정, 미장센(Mise-en-scène, 영화의 장면 구성이나 연출에서 화면에 보이는 시각적 요소)과 같은 다양한 영화 요소에 대해 어떻게 느끼는지를 평가한다. 영화 제작자는 관객의 선호도가 높은 요소가 무엇인지 파악해 영화의 흥행에 활용한다.

영화의 박스 오피스 성과를 예측하는 것은 배우 캐스팅, 영화 출시 시점, 장르 선택 등 다양한 요소에 따른 복잡한 작업이다. 인공지능은 이러한 변수를 분석하여 영화의 흥행을 예측한다. 이뿐만 아니라 인공지능은 영화 트렌드를 검토하고 현황을 파악함으로써 영화의 성공 가능성을 높인다. 이는 제작자와 투자자가 예산, 마케팅 노력 및 배급 전략을 객관적 정보에 근거한 결정을 내릴 수 있게 하여 궁극적으로 영화의 수익성을 극대화한다.

타기팅의 힘

타기팅이란 영화의 특정 관객 집단을 겨냥하여 그들의

관심이나 선호도를 반영한 마케팅 전략 수립이다. 과거 영화 마케팅에서는 불특정 다수를 대상으로 광고가 집행되었으나, 근래엔 관객의 특성과 선호도 파악을 기반으로 한 특정 집단이 그 대상이 된다.

'부산에 거주하는 20대 여성'과 같은 단순한 지리적 또는 인구 통계적 타기팅으로는 천만 관객 영화를 달성하기 어렵다. 관객의 특성과 선호도를 파악하는 것은 물론, 그들이 영화 광고를 접하는 매체를 전략적으로 활용해야 한다. 개인화된 마케팅은 관객의 취향과 행동에 맞춘 콘텐츠를 제공하여 더 큰 관심과 참여를 불러일으킨다. 관객의 행동 데이터를 분석하여 특정 영화에 대한 관심이 높은 그룹을 식별한다. 이는 광고를 무작위로 배포하는 전략에서 벗어나 관심을 가질 만한 잠재 관객에게 광고를 집중적으로 노출할 수 있게 한다. 해당 영화의 장르를 선호하는 잠재 관객에게 영화 예고편이나 관련 콘텐츠를 맞춤형으로 제공한다면 그들은 그 콘텐츠에 접근할 가능성이 커진다.

가령 이런 식이다. 최근 극장에서의 카드 사용 이력이나 과거 해당 감독의 영화를 본 관객을 1차 타깃으로 설정하고, 방송 광고 노출 후 뉴미디어를 통해 반복적인 메시지를 전달해 영화 주목도를 높인다. 그들의 흥미를 유발해 극장으로 발길을 유도한다.

인공지능은 실시간으로 데이터를 분석하고 고객의 행동 변화를 감지한다. 이를 통해 광고 캠페인을 즉각적으로 조정한다. 넷플릭스는 자사의 영상 콘텐츠를 홍보하는 광고 캠페인에서 실시간으로 사용자 데이터를 분석하여 광고를 맞춤화한다. 수백만 개의 영상을 분석해 중요한 장면을 식별하고 사용자의 시청 기록, 선호 장르, 좋아하는 배우 데이터를 분석해 사용자가 어떤 섬네일(Thumbnail, 전체 콘텐츠의 내용을 간략하게 시각적으로 표현한 미리보기 이미지)에 끌릴지를 예측한다. 특정 배우가 등장하는 섬네일이 자동으로 선택되어 표시될 가능성을 높여 해당 영상을 돋보이게 만든다.

영화는 이러한 타기팅을 통해 광고의 효율성을 높인다. 인공지능은 불필요한 광고 노출을 최소화하고, 실제 관람 가능성이 큰 잠재 관객에게 광고를 집중하며, 더욱 높은 광고 효과를 거둔다.

스크립트북과 〈빅식〉

영화 산업은 하이 리스크-하이 리턴이란 특징으로 투자 위험이 높은 산업으로 알려져 있다. 영화 한 편을 제작하기 위해서는 많은 인력과 재화가 필요한데, 할리우드 영화도 10편 중 불과 2~3편만이 흥행에 성공하니 위험성이 크다고 말할 수 있다. 영화 성공을 예측하는 것은 그러다 보니 영화 제작 결정, 마케팅 전략 및 투자 유치에 큰 도움이 된다.

영화의 흥행 여부 예측 모델 서비스를 제공하는 벨기에 인공지능 데이터 기업인 스크립트북은 영화 시나리오를 분석하여 박스 오피스 성과를 예측할 수 있는 인공지능 시스템을 개발했다. 코미디 영화 〈빅식(The Big Sick)〉(2017)의 시나리오를 분석하여 박스 오피스 성과를 예측함으로써 시스템의 정확성과 신뢰성을 입증했다. 실제 〈빅식〉의 전 세계 총수익은 약 700억 원이었는데, 스크립트북은 실제 결과와 거의 일치한 예측 결과를 보였다.

이 시스템은 시나리오 속 캐릭터의 호감도, 스토리텔링 플롯의 매력 수준, 감정적 반응 등을 분석하여 관객의 선호도를 예측한다. 이를 통해 영화 제작자는 어떤 요소가 관객에게 긍정적으로 받아들여질지 이해하고, 이에 기반하여 시나리오를 수정하거나 보완할 수 있다.

예측된 결과를 바탕으로 영화 제작자는 효과적인 마

케팅 전략을 수립한다. 특정 관객층이 선호하는 요소를 파악하고 강조하여 영화 예고편을 제작하거나 소셜 미디어 전략을 짜는 등을 통해 영화의 흥행 가능성을 극대화하는 것이다.

참고문헌

손원태(2023). 모티브인텔리전스, 영화 광고도 초정밀 타깃팅으로. ≪한국금융신문≫. https://www.fntimes.com/html/view.php?ud=2023120611041480626febc6baa6_18

Tallerico, B.(2014.10.31). The Audience Man: "Steven Spielberg Director's Collection". https://www.rogerebert.com/streaming/the-audience-man-steven-spielberg-directors-collection

05
아이디어와 시나리오

감독과 작가에게 새로운 아이디어와 스토리 전개 방식을 제시하는 인공지능의 활용 양상을 확인해 보자.

AI와 아이돌?

인공지능을 향한 우려와 기대

2023년 5월의 어느 날, 미국 파라마운트 픽처스 스튜디오 앞에서 할리우드 작가들이 피켓 시위를 벌였다. 그들은 인공지능이 자신들의 역할을 대신할 것을 우려했다.

> 인공지능이 우리의 일자리를 위협하고 있습니다. 이것은 시작일 뿐이에요. 만약 인공지능이 작가의 일을 빼앗으면 다른 사람들의 일도 빼앗을 겁니다.

그러나 할리우드 스튜디오의 생각은 달랐다. 기업 실적 발표 회의에서 세계적인 영화사 월트 디즈니의 최고경영자(CEO) 밥 아이거(Bob Iger)는 인공지능이 기회가 될 것이라 주장했다.

> 우리는 소비자에게 더 나은 서비스를 제공하기 위해 인공지능에 주목하고 있으며, 이미 일부 효과가 나타났습니다.(Deadline, 2023)

인공지능을 향한 긍정적인 시선은 경영진에 국한된 것은 아니다. 일부 영화 · 방송 작가들은 아이디어를 생각해 내거나 캐릭터를 개발하기 위해 인공지능을 유용하게 활용한다. 〈트루 라이즈(True Lies)〉 쇼의 맷 닉스(Matt Nix) 작가가 생각한 인공지능의 효율성은 이렇다.

> 저는 인공지능을 브레인스토밍 도구와 연구 보조 도구로 사용하고 있습니다…. 물론, 검색 엔진을 사용할 수 있지만, 인공지능을 사용하기가 훨씬 더 쉽네요.(NPR, 2023)

이러한 상반된 입장은 인공지능을 향한 영화인의 기대와 우려를 그대로 나타낸다.

영화 제작의 3단계: 프리 프로덕션, 프로덕션, 포스트 프로덕션

영화 제작의 과정은 아이디어에서 시작하여, 시나리오를 통해 그 아이디어가 구체화되고, 촬영과 후반 작업을 거친다. 이 과정에서 아이디어와 시나리오는 단순한 출발점이 아니라 영화 제작의 모든 단계를 관통하며 작품의 방향성과 일관성을 결정하는 핵심적인 역할을 한다. 아이디어와 시나리오가 영화 제작 과정에서 어떤 역할을 하고 어떻게 발전하는지는 영화의 제작 3단계인 프리 프로덕션, 프로덕션, 포스트 프로덕션과 밀접한 관계를 맺는다. 그러므로 영화 제작의 3단계를 이해하는 것은 영화의 성공적인 완성과 감독의 비전을 실현하기 위해 필수적이다.

프리 프로덕션은 사전 준비 작업이 이뤄지는 영화 제작의 기초 단계다. 이 단계는 영화 제작 성공 여부를 좌우할 만큼 중요하며, 철저한 계획과 준비가 필요하다. 프리 프로덕션 단계에서는 영화의 기본 아이디어를 구상하고, 이를 구체적인 스토리와 대사로 발전시켜 시나리오로 완성한다. 시나리오는 영화의 주제와 스토리를 구체화한다. 이뿐만 아니라 배우들이 창의적으로 연기할 수 있는 정보를 제공한다.

프리 프로덕션 작업이 완료되면 영화는 실제 촬영이 이루어지는 프로덕션 단계에 들어간다. 이 단계에서는 시나리오 및 스토리보드에 따라 현장에서 촬영이 진행된다. 프로덕션 단계에서는 각 장면을 세심하게 구성하고, 미술 및 세트를 관리하며, 촬영된 장면들이 스토리텔링에 맞게 잘 연결되도록 만든다.

포스트 프로덕션은 촬영이 끝난 후 이루어지는 작업 단계다. 영화의 최종 품질과 완성도에 큰 영향을 미치며,

영상 편집, 사운드 디자인, 시각 효과, 색 보정 등이 이루어진다. 완성도가 높은 편집 영상과 그에 어울리는 사운드는 관객의 몰입감을 높이고 시각 효과와 색 보정을 통해 감독의 창의적 비전을 더욱 강화한다.

아이디어의 중요성

2014년 국내에서 천만 관객을 돌파한 영화 〈인터스텔라(Interstellar)〉(2014)의 감독으로 알려진 크리스토퍼 놀런(Christopher Nolan)은 영국 ≪가디언≫지 인터뷰에서 감독의 창의성에 대해 이렇게 말했다.

> 저는 영문학을 전공했습니다. 성적이 뛰어나진 않았지만, 대학 영화 동아리에서 영화를 만들면서 작가들이 수 세기 동안 누렸던 서사적 자유에 대해 생각했습니다. 그리고 저는 영화감독들도 그런 자유를 누려야 한다고 봐요.(The Guardian, 2002)

영화에서의 서사적 자유가 얼마나 중요한지를 강조한 말이다. 서사적 자유는 아이디어와 시나리오로 향한다. 감독은 프리 프로덕션 단계에서 자신의 창의적인 아이디어를 구체화하고, 그것을 시나리오로 옮긴다.

창의적인 아이디어는 영화의 전반적인 방향성을 결정짓는다. 영화 감독은 프리 프로덕션 단계에서부터 자신의 비전을 명확하게 설정하고, 이를 바탕으로 영화의 모든 요소를 계획한다.

아이디어의 발굴은 창작의 첫걸음이다. 과거에는 인간의 상상력과 경험에 전적으로 의존했지만, 현재는 영화 데이터 분석을 토대로 한 아이디어 발굴이 가능해졌다. 영화 흥행 요인과 트렌드를 파악하여 성공적인 영화를 예측한다. 이를 통해 창작자는 현재 관객이 무엇을 원하는지, 어떤 주제를 흥미로워하는지 등을 엿본다.

인공지능으로 시나리오 쓰기

ㅁ 영화 제목

〈시간의 그림자〉

ㅁ 러닝타임

120분

ㅁ 스토리라인

주인공 윤석(50대, 남성)은 은둔형 과학자다. 그는 시간 이동을 가능하게 만드는 기술을 개발했지만, 시간 이동이 다른 차원을 간섭한다는 사실을 알지 못했다. 시간여행을 통해 윤석은 그의 가족이 행복했던 때로 돌아간다. 그러나 윤석의 가족은 나이가 든 그를 알아보지 못하고 이상한 사람으로 취급한다. 윤석은 절망하고 현실로 돌아오지만, 시간 이동의 여파로 현실은 평행 세계와 시간 왜곡이 발생하게 된다. 차원이 병합되어 하나의 공간과 시간으로 합쳐지게 된다.

ㅁ 마케팅 전략

트레일러와 티저 영상: 영화의 강렬한 시간 왜곡 효과와 감정적인 순간들을 담은 트레일러로 관객의 흥미를 유발. 음악과 시각적 요소를 활용하여 감정이입을 강조

소셜 미디어 캠페인: "만약 시간을 되돌릴 수 있다면?"이라는 질문으로 캠페인을 전개하여 관객들이 자기 생각을 이야기하게 참여 유도

평행 세계 체험 이벤트: 영화 속 평행 세계를 경험할 수 있는 VR(가상현실) 체험 부스를 주요 극장에 설치하여 관객들이

직접 영화의 주요 장면을 체험

배우들과의 상호작용: 주요 배우들이 소셜 미디어에서 팬들과 직접 소통하는 라이브 스트리밍을 통해 영화의 기대감을 높임

챗지피티(ChatGPT)가 제안한 영화 아이디어다. 챗지피티에게 최근 영화 트렌드를 분석해 새로 만들 영화의 아이디어를 알려 달라고 명령했다. 영화 제목부터 스토리라인, 설정의 주요점, 독창적인 요소, 마케팅 전략까지 포괄적으로 아이디어가 제시됐다. 지면상의 문제로 시나리오 전체를 보여 줄 순 없으나, 아이디어를 시나리오로 발전시켜 달라는 명령에도 즉각 반응했다. 시나리오의 일부가 이 책의 부록에 있으니, 확인해 보라.

딥러닝 및 자연어 처리의 기술적 발전으로 인해 인공지능은 아이디어 발굴부터 시나리오 작성까지 영화 창작 과정에 큰 영향을 미친다. 프리 프로덕션에서 아이디어와 시나리오 개발이 가장 중요한 요소인데, 여기서 인공지능의 역할이 강조된다.

인공지능은 여러 장르와 소재를 결합하여 독창적인

아이디어를 제안한다. 이는 기존의 틀에 갇힌 생각에서 벗어나 새로운 시도를 가능케 한다. 인공지능은 스토리텔링의 구조를 파악하고, 플롯을 염두에 두고 사건과 인물의 대사를 자연스럽게 생성해 낸다. 각 장면의 개요를 작성하거나, 인물 간의 관계와 갈등 요소 구체화가 가능해진다. 사용자는 특정 장면이나 상황을 설정하고, 이에 대한 다양한 전개를 요청할 수 있다.

시나리오는 영화의 청사진이자, 모든 제작 과정의 토대다. 잘 구성된 시나리오는 명확한 스토리텔링 구조를 제공하고, 인물의 행동과 감정을 명확하게 전달하여 관객의 공감을 이끌어 낸다. 시나리오는 스태프가 각자의 역할을 이해하고, 일관된 방향으로 작업할 수 있도록 한다. 촬영 감독은 시나리오를 통해 시각적 스타일을 이해하고 감독의 비전을 시각화한다. 배우들은 시나리오를 통해 인물의 심리를 이해하고 이를 바탕으로 연기를 준비한다.

참고문헌

Barco, M.(2023.5.18). Striking Hollywood scribes ponder AI in the writer's room. *npr.*

https://www.npr.org/2023/05/18/1176876301/striking-hollywood-writers-contemplate-ai

Deadline(2023.5.10). Disney CEO Bob Iger Calls AI "Disruptive," Difficult To Manage From An "IP Perspective".
https://deadline.com/2023/05/disney-ceo-bob-iger-ai-difficult-from-ip-perspective-1235362571/

NPR(2023.5.18). Striking Hollywood scribes ponder AI in the writer's room.
https://www.npr.org/2023/05/18/1176876301/striking-hollywood-writers-contemplate-ai

The Guardian(2002.8.27). Guardian interviews at the BFI Christopher Nolan.
https://www.theguardian.com/film/2002/aug/27/features

06

촬영과 시네마 로보틱스

시네마 로보틱스와 인공지능의 도입으로 촬영 과정이 더욱 정교하고 효율적으로 다뤄지는 모습을 확인해 보자.

AI와 야구?

시각적 예술로서의 촬영

전 세계 영화제 77개 부문 수상 그리고 246개 부문 노미네이트!

대표적인 퀴어 영화 〈캐롤(Carol)〉(2015)에 관한 수식어다. 이 영화는 토드 헤인즈 감독(Todd Haynes)의 대표 영화이자 프랑스 칸 영화제에서 여우주연상을 수상한 영화다.

〈캐롤〉을 본 독자라면 주인공 캐롤이 테레즈를 조우하는 영화의 오프닝 장면을 기억할 것이다. 머릿속에 그려 보자.

검은 화면에서 시작된 영화는 열차 소리로 생동감을 알린다. 쇠창살처럼 생긴 하수구 뚜껑을 비추던 카메라가 틸트업을 하며 고개를 든다. 어둡고 스산한 밤거리에 코트를 입은 사람들이 걷고 있다. 누가 누군지 분간되지 않는다. 아스팔트 건물과 도로가 어둡고 차가워 보인다. 1950년대 뉴욕의 거리 모습이다.

토드 헤인즈 감독은 그 시대 남성 중심의 가부장적인

질서의 역학 구도를 시각적으로 표현하고자 했다. 이러한 시각적 재현에 관한 그의 시도는 〈캐롤〉에 관한 토드 헤인즈 감독의 인터뷰에서 드러난다.

> 영화 속 인물들이 그 시대의 옷을 입고 있지만, 얼룩진 색채가 장면을 가득 채웁니다.(Film at Lincoln Center, 2015)

그는 〈캐롤〉에서 1950년대 뉴욕의 모습에 얼룩을 덧댔다. 시각적 요소를 통해 당시 시대 모습을 장면에 포착하고자 했고, 오프닝 장면부터 영화의 전체적인 느낌을 강렬히 드러냈다.

촬영은 스토리텔링을 이미지로 생동감 있게 전달하며, 관객에게 아름다운 시각적 경험을 제공한다. 〈캐롤〉에서 차가운 거리의 모습을 시각화하여 당시 사회 분위기를 표출했던 것처럼, 촬영은 포착한 이미지를 강조하여 보는 이로 하여금 감정을 불러일으키고, 관객을 영화 속 세계로 초대한다.

다양한 시각적 기법을 활용하여 영화의 분위기를 조성하는 것이 촬영이다. 카메라 움직임, 구도, 조명, 색감 등의 요소를 활용하여 관객의 몰입을 유도한다. 카메라 움직임으로 프레임 안에 담긴 디테일은 영화에서 리듬감을 만들어 낸다. 카메라가 트랙 인으로 인물에 다가갈 때 관객은 인물의 내면을 응시하게 된다. 화면이 빠르게 전환될 때는 사건의 긴박함이 드러난다. 이렇게 촬영은 관객을 영화에 감정이입시킨다.

또한, 촬영은 삼각대에 카메라를 얹은 형태의 기본 촬영 형태부터 레일을 활용하여 카메라를 움직이는 형태까지 촬영 감독이 직접 조작하는 카메라 움직임을 통해 원하는 장면을 포착한다. 기술이 발전함에 따라 스테디캠, 크레인, 드론과 같은 도구가 활용되면서 카메라는 더욱 역동적이고 창의적인 장면을 담아낼 수 있게 되었다.

월리 피스터와 촬영

83회 아카데미 시상식에서 촬영상을 받은 촬영 감독 월리 피스터(Wally Pfister)는 ≪시네마티컬(Cinematical)≫과의 인터뷰에서 촬영의 역할론을 다음과 같이 강조했다. 그는 〈인셉션(Inception)〉(2010) 촬영 감독으로 잘 알려져 있다.

> (촬영 감독은) 현장에 도착해서 무엇이 있는지 보고 그곳에 생명을 불어넣거나, 감독의 시각, 리허설, 배우들, 그리고

다른 부가적 요소들을 결합하여 무언가 시각적인 것을 만들어 내요…. 영화의 시각적 스토리텔링에 관여하는 것이 제 역할이며, 제가 고용된 이유는 감독의 비전을 시각적으로 구현하는 것이죠.(Livejournal, 2010)

영화는 협력의 결과물이며, 촬영은 시각적 스토리텔링을 담당하는 중요한 요소라는 것이다. 그는 크리스토퍼 놀런과 7편의 영화를 함께했고, 시나리오를 통해 놀런 감독의 의도를 파악해 그의 이야기 경로를 따라갔다.

이쯤에서 촬영의 개념과 특징을 살펴보자. 그의 말이 더욱 와닿을 것이다. 촬영이란 용어는 '움직임'과 '그리기'라는 의미의 그리스어에서 유래했다. 이에 유추할 수 있듯이 '움직임을 그리다'라는 의미다. 영화 촬영은 단순히 현상을 기록하는 것이 아닌 인물의 대사와 행동 및 배경을 종합적으로 고려해 시각 언어로 표현한다.

이러한 관점에서 영화는 이야기의 나열에 그치는 게 아니라 시각적이고 감성적인 경험으로 관객의 마음속에 이미지를 각인시킨다. 이 과정에서 촬영은 감독의 예술을 보여 주기 위한 수단이 된다. 감독은 화면에 담길 피사체의 모습을 결정한다. 카메라의 렌즈는 세계를 통하는 창문이며, 빛과 그림자는 창문 너머 펼쳐지는 스토리를 구성한다.

시네마 로보틱스의 효율성

몇 해 전 "시네마 로보틱스 그리고 디지털 미장센"이란 소고를 썼다. 시네마 로보틱스가 국내에서 영화 제작에 본격적으로 활용되고 있음에도 제작 기법과 영상미학에 관한 연구가 미흡한 때였다.

글의 문장이 유려하지 못함에 주변에 알리긴 어려운 마음과 시네마 로보틱스를 미장센의 관점에서 재현 방식의 확장과 전지적 시점 경험 확대로 분석했다는 연구적 의의로 알리고자 하는 마음이 충돌했다. 새로운 영상 표현의 지평을 넓히는 시네마 로보틱스의 가능성을 알고 있고 아직 기억에 생생히 남아 있는 글이라 일부 내용을 발췌했다.

다채로운 영상을 얻고자 하는 영화인의 고민은 오늘날에만 해당하는 것은 아니다. 영화사 초기의 영화는 있는 그대로의 모습을 얼마나 사실적으로 기록하는가를 다루었지만, 영화에 내러티브(Narrative)가 덧입혀지면서 관객을 영화에 얼마나 효과적으로 감정이입시키는가는 중요한 논점이었다. 이러한 배경에서 관객의 집중도를 높일 수 있는 효과적인 방법은 관객의 시선을 사로잡는 것이었다.

카메라 움직임이 관객의 감정이입에 유의미한 영향력을 행사함을 주목했다. 다음도 살펴보자.

카메라 움직임은 연출자의 의도와 함께 정서적 표현으로 나타난다. 카메라 움직임은 연출자의 의도와 함께 정서적 표현의 방법으로 확장된다. 연출자는 의도하고자 하는 바를 영상미학적으로 표현하고 관객의 주의를 집중시키기 위해 카메라 움직임을 활용한다. 이러한 카메라 움직임은 미장센의 한 요소로 작가적 날인으로 이어진다.

'관객만이 아니라 연출자인 감독에게도 영향을 미치는 것이 카메라 움직임'이란 것이 내용의 요긴한 부분이다.

사실 카메라 움직임을 연출자의 마음대로 운용한다는 게 참 어렵다. 카메라 움직임 너머에 드러나는 프레임을 고려해야 하니 오죽하겠나. 여기서 시네마 로보틱스의 역할이 드러난다.

시네마 로보틱스는 로봇 암(arm)과 컴퓨터를 통해 카메라의 정교한 움직임을 정확하고 반복적으로 제어하여 기존에 불가능했던 카메라 동작을 구현하게 함으로써 영상 표현의 범위를 확대하는 기술이다. 영화 촬영의 핵심 기술로 기술이 예술을 돕는 대표적인 방식이라 할 수 있다.

감독은 시네마 로보틱스를 통해 카메라의 속도, 방향, 위치를 제어하여 정밀하게 숏을 촬영한다. 컴퓨터로 제어되는 시네마 로보틱스는 카메라의 움직임을 미세하게 설계할 수 있어서 복잡한 시각 효과가 필요한 장면에서 그 능력을 발휘한다. 한번 설정된 카메라 움직임은 같은 경로를 반복해서 따라간다. 그러므로 여러 번의 촬영에서도 일관된 결과가 나타난다.

시네마 로보틱스는 영화 제작 비용을 절감하고 시간을 절약함으로써 영화 제작의 효율성을 크게 향상한다. 같은 장면을 여러 번 촬영할 때에도 카메라 위치를 수동으로 되돌릴 필요 없이 한 번의 입력으로 최초의 자리로 카메라를 이동시키는 결괏값을 도출한다.

촬영 감독 저스틴 존스(Justin Jones)는 시네마 로보틱스의 정밀하고 반복적인 카메라 움직임의 가능성에 주목했다. 그는 이 기술이 반복적인 움직임이 필요한 숏을 만들어 내는 데 필수적이고, 이 기술을 통해 감독의 비전이 실현되며, 테이크(Take, 특정 장면을 촬영한 한 번의 시도) 중간에 수동으로 이루어지는 카메라의 재조정이 필요치 않아 제작 과정을 간소화한다는 데 주목했다. 이를 통해 촬영 준비 시간을 줄이고, 촬영 팀 규모를 줄여 비용을 절감한다. 그는 이뿐만 아니라 제작 과정 전반에 걸쳐 워크플로를 간소화하는 데도 도움이 된다고 보았다.

촬영과 인공지능

기술이 영화 표현의 확장을 불러온다면 인공지능은 그에 더해 효율성 증대의 단계까지 나아가지 않을까 싶다. 영화 촬영이 이루어지는 프로덕션 단계에서는 많은 예산이 소요된다. 인력과 장비가 많이 사용되기 때문이다. 만약 일정에 차질이라도 생기면 예산은 급격히 늘어난다.

인공지능은 촬영 과정의 자동화를 통해 효율성을 극대화할 가능성을 지닌다. 촬영 구도를 제안하고, 조명을 최적화하며, 사전 시각화를 위해 카메라 각도를 시뮬레이션할 수도 있어 실제 촬영에 들어가기 전에 절차를 간소화할 수 있다.

효율성 극대화 사례를 예로 든다면 이런 것이다. 인공지능 기술을 통해 시나리오를 분석하여 관객이 가장 공감할 수 있는 요소를 예측하여 거기에 맞는 카메라 촬영을 수행한다. 최소한의 테이크와 숏으로 시간을 절약할 수 있게 된다. 촬영 현장에서 인물의 대화 장면을 다양한 구도와 각도에서 여러 번 촬영하게 되면, 같은 샷을 여러 번 찍게 되고 편집 과정에서 버려지는 장면들이 많이 생겨난다.

〈스파이더맨: 노 웨이 홈〉과 시네마 로보틱스

〈스파이더맨: 노 웨이 홈(Spider-Man: No Way Home)〉(2021)에서 그린 고블린이 스파이더맨을 주먹으로 때려 창문을 뚫고 날려 보내는 장면을 생동감 있게 구현하기 위해 시네마 로보틱스가 활용되었다.

3미터 트랙 위에서 콜린은 슬로 모션(Slow Motion, 장면의 시간을 느리게 재생하는 기법)으로 펀치 장면을 포착하고, 이후 톰 홀랜드 뒤에서 고속으로 카메라를 회전시켜 강렬하고 시각적으로 놀라운 장면을 만들어 냈다.

여기서 중요한 점은 카메라를 굉장히 빠른 속도로 이동시키고 피사체를 프레임 안에 제대로 담아내는 것이 보장되어야 한다는 것이다. 카메라 이동이 물리적으로 가능해야 하며, 프레임 안에 적절한 크기로 피사체의 주먹을 맞고 날아가는 모습이 배경과 어우러져 촬영되어야 한다.

시네마 로보틱스는 이 영화의 역동적인 액션 장면을 촬영하는 데 카메라 움직임의 타이밍과 일관성을 보장했다. 수동으로 만들어 내기 어려운 장면이 만들어져 시각적 스토리텔링이 보장되었다.

참고문헌

Film at Lincoln Center(2015.12.12). 'Carol' Q&A | Todd Haynes. https://www.youtube.com/watch?v=tyXweg_yf1o

Livejournal(2010.8.22). Cinematographer Wally Pister talks about shooting Inception, says Nolan like Michael Bay films. https://ohnotheydidnt.livejournal.com/50213211.html

07

영상 편집

인공지능 기반 자동 편집 기술의 도입으로 영상 편집의 효율성이 크게 향상된 모습을 살펴보자.

AI와 윤동주?

편집의 어려움

어느 날, 학생 B가 찾아와 조언을 구했다.

교수님, 영상을 볼 때는 대수롭지 않게 봤는데, 실제로 만드는 건 어려워요.

영상 제작이 만만치 않음을 느낀 신입생의 일반적인 반응이다. 나는 웃으며 이렇게 말했다.

어려워 보여도, 천천히 수업을 따라오다 보면 잘될 거야.

실제로 영상 전공자도 어려움을 겪는 게 영상 제작이다. 무에서 유를 창조해야 하는 창의적 활동임과 동시에 제작 과정이 굉장히 노동 집약적인 것이 이유다.

영상 제작은 기획, 촬영, 편집을 거치는 작업 단계, 여러 분야 전문가들의 창의적 협업, 복잡한 기술적 요구, 반복 작업이란 이유로 자원과 시간 소요가 크다.

팀 프로젝트 수업을 운영하면서 발견한 흥미로운 사실 하나가 있다. 영상 제작을 위해 기획 및 촬영 단계에서 흥미를 느끼다가 편집 단계에 다다르면 학생들이 항상 좌절을 겪는다는 것이다. 해결 방법이 필요했다.

십중팔구가 그렇죠. 학생들이 편집을 어려워해요. 기획 과정에서 아이디어를 만들어 내는 것과 현장에서의 촬영은 즐거움인데, 편집은 어려워하더라고요.

교육의 어려움을 토로했더니 돌아온 동료 교수의 반응이다.

영상 편집은 다양한 소프트웨어를 활용해 촬영 단계에서 찍은 영상 클립을 연결하고, 시각 효과를 추가하며, 색 보정, 오디오 조정 등을 수행해야 하는 매우 기술적인 과정을 지닌다. 또 영화의 기획 단계에서 고려되는 요소들이 편집 과정에서 적절히 드러나야 하기에 영화 감독의 비전이 고스란히 드러나야 한다. 그렇기에 편집은 콘텐츠의 시작이자 끝이다. 장벽이 높다고 느낄 수밖에 없다.

편집 과정에서 수많은 영상 클립 중에서 어느 부분을 선택하고 어디와 연결할지를 주도적으로 결정해야 한다. 또한, 이 과정에서 창의적인 판단이 필요하며, 잘못된 편집이 영상 작품의 스토리텔링이나 메시지 전달에 부정적인 영향을 미친다는 사실도 인지해야 한다.

> 콘텐츠의 전체를 숲으로 볼 수 있어야 하고, 나무 열매만을 따로 클로즈업해서 볼 수 있어야 해.

라고 B에게 조언하자,

> 눈 깜빡할 새에 누가 자동으로 뚝딱, 영상을 편집해 주면 얼마나 좋을까요.

라는 B의 대답으로 우리의 대화가 마무리됐다.

자동 편집을 향한 시선

> 인스타360 스튜디오의 AI 자동 편집으로 하이라이트 영상 생성

글로벌 카메라 제조사 인스타360의 광고 문구다. 자동 편집은 영상 편집의 효율성을 증대하기 위한 기능이다. 하이라이트 영상(Highlight Video)은 중요한 장면만을 모아 편집한 짧은 분량의 영상이다.

디지털 시대에 소셜네트워크서비스(SNS)를 통한 영상 공유가 일상화되었다. 쇼트폼 영상은 짧은 시간 안에 정보를 전달하거나 타인과의 소통에 활용된다. 이에 따라 영상 편집의 문턱을 낮추는 자동 편집 기능에 대한 요구가 콘텐츠 시장에서 나타난 건 자연스럽다고 할 것이다. 현재 산업계는 영상을 빠르고 효율적으로 제작하는 방법을 항시 고민하고 있다.

인스타360이 제공하는 자동 편집 기능은 복잡한 편집 과정을 간소화하여 시간과 노력을 줄인다. 사용자는 인공지능 기반의 자동 편집 기능을 통해 직접 촬영한 영상을 애플리케이션에 업로드하는 정도로 하이라이트 영상을 만든다.

이 기능의 사용법은 글로 설명이 가능할 정도로 간단하다. 카메라로 촬영한 영상을 전용 애플리케이션에 업로드한 후, 다양한 영상 템플릿(Template, 구조와 디자인이 설정된 틀)과 스타일을 선택한다. 그러면 인공지능이 영상 내 주요 장면을 자동으로 식별하고, 음악 및 시각 효과를 알아서 추가한다. 그리고 짧은 영상 처리 과정을 거치면 하이라이트 영상이 완성된다.

자동 편집 기능은 영상 클립들을 두고 최적의 컷을 자동으로 선택하고, 장면 전환 효과를 통해 영상들 간의 연결을 자연스럽게 만들며, 각 장면에 적합한 음향 효과를 추가한다. 이러한 과정은 사용자의 개입을 최소화함과 동시에 일정한 수준의 결과물을 보장한다.

디지털 시대에서 자동 영상 편집 기능은 인공지능이 영상 제작의 접근성을 높일 가능성이 크다는 것을 의미한다. 대중은 스마트폰으로 영상을 쉽게 찍는다. 그러나 그러한 영상 클립들을 편집 과정을 거쳐 하나의 영상으로 완성하는 것은 어려운 작업이다. 그래서 누구나 몇 번의 클릭만으로 영상을 만드는 것은 영상 제작의 접근성을 혁신적으로 향상했다는 데 의의가 있다.

인공지능 영상 편집의 가능성과 한계

최근 인공지능 기반의 영상 편집에 기능적인 진화가 이루어지고 있다. 일반적으로 시간과 노력이 많이 소요되던 영상 편집 과정이 인공지능의 도입으로 간소화됐다. 이제는 영상 제작에 익숙지 않은 사람도 인공지능의 자동 편집 기능을 통해 간단히 영상을 제작한다.

어도비 프리미어 프로와 같은 전문적인 편집 소프트웨어는 인공지능 기능을 통합하여 사용자에게 더욱 강력한 도구를 제공한다. 자동 컷 편집, 색상 보정, 오디오 정리 등의 기능을 제공하여 편집 과정을 크게 간소화했다.

그러나 이러한 기술적 진보가 가져온 편리함 뒤에는 한계가 존재하며, 이는 인간의 창의성을 근간으로 한 종합 예술 활동이라 할 수 있는 영상 제작의 본질을 고민하게 만든다.

현재 인공지능 영상 편집의 가장 큰 문제는 창의성이 담보되냐는 것이다. 인공지능은 데이터를 기반으로 학습한 패턴을 바탕으로 영상 클립을 분석하고 편집을 수행하지만, 이는 미리 설정된 알고리즘과 템플릿을 기반으로 영상을 편집하므로 사용자가 원하는 독창적인 스타일이나 창작자가 고려하는 스토리텔링을 온전히 반영하지 못한다.

그리고 자동 편집 과정에서 사용자 개입의 제한이란 문제도 존재한다. 인스타360의 자동 편집 기능은 영상 클립의 선택, 장면 전환, 시각 효과, 효과음을 자동으로 처리하지만, 사용자 개입을 통해 세부적인 조정을 하기에는 제한이 따른다. 예를 들어, 인공지능이 스스로 결정한 장면 전환 효과나 효과음의 타이밍을 미세하게 조절하려고 하면 수동으로 이를 수정하는 과정이 번거롭거나 불가능하다.

인공지능 영상 편집은 빠르고 간편한 편집을 원하는 사용자에게는 매우 유용하다. 그러나 세부 조정과 창의적 표현이 중요한 프로젝트에서는 한계가 뚜렷하다. 현재 기술력으로는 사용자가 원하는 대로 영상을 제작하기 위해서는 자동 편집 결과물을 기본으로 사용하되, 필요에 따라 수동 편집을 병행하는 것이 바람직하다.

08
컴퓨터 그래픽과 딥페이크

컴퓨터 그래픽과 딥페이크 기술이 제시한 영화 제작의 새로운 가능성을 발견해 보자.

AI와 한의학?

딥페이크 악용 사례 하나

집에서 소셜네트워크서비스(SNS)를 하던 대학생 C는 익명의 발신자가 보낸 메시지를 받았다.

이 영상, 당신이 맞습니까?

C는 무슨 말인지 몰라 의아했다. 설마 하는 마음으로 대화방에 들어가자 자신의 얼굴이 나온 성관계 영상 파일이 수신됐다.

당황한 C는 놀란 마음에 아무런 답을 하지 못했다. 그러자 대답을 독촉하듯 "주변 사람에게 영상을 보내도 될까요?"란 메시지가 왔다. 불안한 마음에 영상을 확인해 보니 가짜 합성 영상물이었다. 얼굴은 같았지만, 몸이 달랐다. 영상이 너무 자연스러워 다른 사람이 보면 진짜라 믿을 수밖에 없었으리라. 자신은 아님을 알지만, 세상의 시선이 겁났다.

메시지를 무시한 며칠 뒤, 딥페이크를 이용한 성착취물이 사회적 문제라는 뉴스가 나왔다. 10대를 중심으로 학교명, 학년, 반 등 구체적인 개인정보를 포함한 딥페이크 영상물이 인터넷에 퍼져 등교하지 못하는 학생들이 늘었다는 내용이다. 주변의 따가운 시선으로 극단적 선택 시도가 늘고 있다는 소식이 뒤를 이었다.

사례 둘

초등학생 D는 평소 교내에서 모범생으로 통했다. 어느 날 SNS에서 담임 선생님의 사진을 발견했고, 그 사진으로 딥페이크 합성을 의뢰했다. 텔레그램 '능욕방' 채널에 들어가 딥페이크 이미지 제작 요청에 든 비용은 단돈 2000원이었다. D는 음란물 제작을 의뢰하며 성적 요구 사항까지 전달했다.

그는 딱히 담임 선생님에 불만을 가진 건 아니었다. 음란물을 만든 별 이유가 없었다. 단순한 호기심과 재미 정도였다. 자랑하듯 공유한 음란물은 담임 선생님에게까지 흘러갔다.

교권보호위원회에 사건이 신고됐고, 결국 D는 강제 전학 처분을 받았다. 범죄 수사 역시 착수됐다.

2024년 8월 전국교직원노동조합이 약 2500명을 대상으로 실태 조사를 벌인 결과, 총 517명이 딥페이크로 인한 피해를 본 것으로 드러났다. 조사 대상자의 약 20%가 피해자였다. 너무 쉽게 만들 수 있어 딥페이크 범죄가 더욱 늘어날 조짐을 보인다는 것이 더욱 큰 문제로 다가왔다.

딥페이크, 논란의 중심에 서다

딥페이크를 이용한 성착취물 범죄는 처음부터 일반인을 대상으로 했을까요?

지인과 식사를 하던 중 텔레그램을 중심으로 급속히 퍼지고 있는 딥페이크 범죄에 관해 질문을 받았다. 디지털콘텐츠 전공인 나의 의견이 궁금한 눈치였다.

아니요. 처음엔 연예인을 대상으로 했을 거예요. SNS에 공개된 사진 몇 개만 있으면 음란물이 워낙 쉽게 만들어지다 보니 주변 사람을 대상으로 하는 범죄까지 내려오게 된 거죠.

우려 섞인 목소리로 답했다. 딥페이크가 워낙 감쪽같고 쉽게 만들 수 있어서 벌어진 일이다. 사실 대중을 대상으로 한 딥페이크 범죄는 예측 가능했다.

연예인들을 대상으로 먼저 사건들이 벌어지면 그게 마치 그걸로 끝날 것처럼 보이지만, 일반인에게도 이런 일이 벌어질 것이라는 전조 증상 같은 거예요.(YTN, 2024)

대중문화평론가 정덕현이 공인을 대상으로 한 딥페이크 범죄가 일반인으로까지 확대되자 한 말이다. VFX(시각 효과)에 혁신적 변화로 자리매김하던 딥페이크가 성범죄 이슈로 덜컥 주저앉을 위기에 처한 상황에 눈길이 갔다.

성범죄를 목적으로 한 이미지 합성은 과거부터 성행했다. 포토샵은 이미지 합성에 주로 사용되었다. 그런데 질적 수준이 조악했다. 무언가 어색하고 사람 같지 않은 모습에 기괴하다는 표현이 더 적절했다. 어색한 비율, 부조화한 얼굴과 신체 등 합성의 흔적이 뚜렷한 경우가 많았다. 이러한 합성 시도는 혼란을 일으키거나 잘못된 정보를 퍼뜨리긴 했지만 대부분 쉽게 판별할 수 있었으므로 굳이 대중이 대상이 되는 사회적 이슈로까지 번지진 못했다.

연예인이 중심이 된 딥페이크 성범죄가 대중으로 퍼지고 있다. K-팝 아이돌은 전 세계에서 딥페이크 영상물의 주요 대상이며, SNS에 올린 일반인의 프로필 사진은 딥페이크 성착취물 재료가 되었다. 미국의 사이버보안 업체 시큐리티 히어로는 한국이 딥페이크 성착취물에 가장 취약한 국가임을 경고했다.

딥페이크의 기술적 특징과 영화 산업에서의 가능성

사회적인 문제로 딥페이크에 대한 우려가 커지고 있으나, 딥페이크는 영화 산업에 중요한 기술적 가능성을 가지고 있다.

딥페이크는 딥러닝과 페이크의 합성어로 딥러닝 기술을 사용한 이미지 합성 기술이다. 2017년 'deepfakes'란 이용자가 기존 영상에 유명인의 얼굴을 합성해 딥페이크 콘텐츠를 올린 데서 유래했다. 이 기술은 얼굴의 입술, 눈 등을 조정하는 것이었는데, 일부분만 수정이 되는 방식이라 인위적인 느낌이 드는 한계가 있어 광범위하게 활용되진 못했다.

2018년 캐나다 밴쿠버에서 열린 시그래프(SIGGRAPH) 2018 콘퍼런스에서 〈딥 비디오 포트레이트(Deep Video Portraits)〉란 연구가 발표됐다. 막스플랑크 정보학 연구소(Max Planck Informatics), 뮌헨 공과 대학교(Technical University of Munich), 바스대학교(University of Bath), 스탠퍼드 대학교(Stanford University) 등 국제 연구진에 의해 개발된 딥페이크 기술에 관한 내용이었다. 이 기술은 기존에 얼굴 표정만 조작되는 기술적 한계를 넘어 머리 위치, 얼굴 표정, 눈동자 움직임, 눈 깜박임을 타깃 배우의 영상에 자연스럽게 합성시킬 수 있었다. 특히, 얼굴의 입 모양이 음성과 일치하도록 합성하여 배우가 실제로 하지 않은 대사도 만들어 냈다.

이 시기부터 딥페이크는 자연스러운 합성 결과물을 만들며 영화 산업, 광고, 가상현실, 의료 등 다양한 분야로부터 주목받았다. 영화 후반 작업에서 배우의 얼굴과 표정을 조작하고 입 모양과 음성을 맞춰 재촬영 없이 새로운 대사 장면을 만들어 낼 수 있다는 건 변혁적 순간이었다.

인공지능과 딥러닝 기술의 발전으로 딥페이크는 최근 몇 년간 급격히 발전하며 영화 산업에서의 활용 가능성을 높였다. 최근 딥페이크 기술은 즉석에서 얼굴 모양을 변조하거나 이미지를 추가하는 방식으로 실시간 합성을 가능케 한다. 딥페이크는 기존 영화 제작 방식에 변화를 가져오며, 새로운 방식으로 감독의 비전을 보조할 수 있는 중요한 도구로 자리매김하고 있다. 컴퓨터 그래픽과 같이 영상 내 그래픽을 구현하기 위해서는 많은 인력과 비용이 소요된다. 그러나 이런 작업은 딥페이크를 통해 더욱 빠르고 저렴하게 처리가 가능하다.

〈아이리시 맨〉과 딥페이크

서문에서 언급했던 마틴 스코세이지(Martin Scorsese) 감독의 〈아이리시 맨(The Irishman)〉(2019) 이야기를 다시 가져온다. 영화는 로버트 드니로, 알 파치노, 조 페시가 각각 청부살인업자 프랭크 시런, 팀스터 노조의 리더 지미 호파, 필라델피아의 범죄 조직 두목 러셀 버팔리노를 연기하기 위해 그들의 수십 년 젊은 모습을 만들어내야 했다.

이 영화에 참여한 VFX 감독 파블로 헬만(Pablo Helman)의 딥페이크 활용 방식에 관한 설명은 이랬다.

> 시스템은 조명과 텍스처 정보를 분석해 프레임마다 렌더링 가능한 기하학적 메시(Mesh, 3D 공간에서 객체의 형태를 형성하는 기본적인 구조)를 만듭니다…. 각 프레임에서 모델링, 근육 및 피부 개발이 모두 맞춤형으로 이루어졌어요. 또한, 우리는 배우들의 젊은 시절 활동에 대한 수천 장의 사진 및 영상 자료를 조사하고, 가장 일치하는 모습을 찾기 위해 AI 기반 엔진을 구축했습니다.(postPerspective, 2019)

인물의 디지털 얼굴 모델을 생성하고 이를 실시간으로 합성하여 자연스러운 연기가 드러나도록 유지했다.

현장에서 촬영한 장면은 컴퓨터가 생성한 젊은 얼굴과 배우의 움직임에 일치시키는 방식으로 활용됐다. 이 과정에서 얼굴의 미세한 움직임과 표정을 합성해 자연스러운 결과물이 나타났다.

〈아이리시 맨〉은 딥페이크 기술이 영화 산업에 어떤 식으로 이바지할지를 보인 사례다. 기술의 발전이 단순히 시각적 효과를 넘어서, 영화의 서사와 감정 전달에 큰 역할을 할 수 있음을 증명했다. 딥페이크 기술은 올바른 방향으로 창의적으로 사용될 때 영화 제작에 얼마나 큰 가치를 더할 수 있는지를 잘 보여 주었다.

딥페이크 기술은 영화의 완벽한 변화를 기대하게 하는 혁신적인 기술일까? 답은 헬만 감독의 다음 말로 갈음한다.

> 영화에 아무런 영향을 주지 않을 겁니다. 이 기술은 단지 영화에서의 이야기가 더 잘 전달될 수 있는 맥락을 제공할 뿐이죠.(postPerspective, 2019)

참고문헌

YTN(2024.9.4). 딥페이크 엄중 대응 밝혔지만…기획사들 "한계다".

https://science.ytn.co.kr/mobile/program/view_today.php?s_mcd=0082&key=202409041237267946

postPerspective(2019.12.27). ILM's Pablo Helman on The Irishman's visual effects. https://postperspective.com/ilms-pablo-helman-on-the-irishmans-vfx/

09

인공지능의 명암

인공지능의 기회와 위협을 알아보자.

AI와 화장품?

인공지능의 통찰력

챗지피티(ChatGPT)에게 말을 걸었다.

> 요즘 영화 보는 게 재미없어. 어떡하지?

영화 시청은 여전히 나에게 즐거움이나, 부정적인 질문엔 어떻게 답을 하는지 인공지능의 반응이 궁금했다. 챗지피티는 이렇게 답했다.

> 영화를 너무 봐서 피로감을 겪고 있는 거 같아. 영화가 다시 좋아질 방법을 알려 줄게.

웬 방법? 영화를 대하는 태도에 관해 철학적 관점에서 뜯어볼 것으로 예상했는데, 돌아온 답변이 기대완 달랐다. 관객의 태도에 관해 논하고 싶었던 마음이 컸는데, 이해받지 못한 마음에 내심 아쉬웠다.

알려 준 방법은 고전 영화 다시 보기다. 왜 고전 영화인지 궁금함을 뒤로한 채 고전 영화 추천을 요구했다. 답변을 기다리는 그 짧은 시간 동안 수많은 영화가 머릿속을 스쳐 갔다. 챗지피티의 추천작은 〈12명의 성난 사람들(12 Angry Men)〉(1957)이었다.

헨리 폰다(Henry Fonda) 배우의 대표작이자 유명한 법정 영화다. 베를린 영화제에서 황금곰상을 수상했고, 아카데미 시상식에서는 작품상, 감독상, 각색상에 노미네이트된 영화다. 살인 혐의로 기소된 피고인을 두고 12명의 배심원을 중심으로 펼쳐지는 법정 드라마다.

챗지피티는 선정 이유로 인간 심리와 도덕적 딜레마에 초점을 맞춘 명작이라고 설명했다. 설명에도 불구하고 '왜 이 영화일까'란 의구심이 풀리지 않았다.

곰곰이 생각을 해 보니, 최근 법정 사건을 다룬 드라마에 관심을 가져 챗지피티에 판결문이나 법리를 검색했던 기억이 떠올랐다.

챗지피티가 이용자가 잊고 있던 관심거리를 고려해 관련 내용을 다룬 영화를 추천한 것이다.

인공지능의 어두운 면

인공지능엔 밝은 면만 있는 게 아니다. 영화 제작에 인공지능을 활용하는 것은 여러 부정적인 결과를 수반한다. 먼저 창의성 문제다. 인공지능은 수없이 많은 양의 데이터를 학습하여 패턴을 찾아내고 이를 바탕으로 새로운 콘텐츠를 생성한다. 그러므로 이 기술은 학습한 데이터의 한계를 벗어나기 어렵다. 데이터 기반 학습은 완전히 새로운 것을 창조하진 못한다.

이를 영화를 중심으로 해석하면 '완전히 새로운 방식의 영화가 만들어지기 어렵다'가 된다. 영화의 스토리라인이나 캐릭터 개발에서 인공지능이 과거 데이터를 바탕으로 유사한 패턴을 제안할 수는 있으나 기존의 것에서 벗어나 어떤 완전히 새로운 것을 창조해 내진 못한다.

이뿐만이 아니다. 편향성 문제도 있다. 인공지능은 학습 데이터에 포함된 편향성을 그대로 반영할 가능성이 있다. 과거 영화가 주로 백인 남성이 주요 배역을 차지하고 있었다면 인공지능은 이 데이터를 학습해 성별이나 인종에 대한 편향을 영화에 반영할 가능성을 지닌다. 이는 영화의 다양성을 위협한다. 다양성은 여러 시각과 경험에서 비롯되는데, 인공지능이 이를 충분히 반영하긴 어렵다.

게다가 인간적 표현에 관한 문제도 있다. 영화 제작에서 중요한 요소 중 하나는 인물의 감정 표현이다. 인공지능은 인물의 표정을 모방할 순 있지만 이를 인간처럼 이해하고 표현하는 데는 무리가 있다. 게다가 인간의 감정은 매우 복잡하고 다양한 상황과 맥락에 따라 다르게 표현될 수 있는데, 인공지능이 이러한 미묘한 차이를 완벽히 이해할 수 있을 것이라 기대하긴 어렵다. 인공지능은 규칙 기반으로 감정을 표정이나 행동으로 감정을 재현하므로 인공지능의 감정 표현은 때론 어색하거나 부자연스럽게 나타난다.

저작권 및 지적 재산권 문제

인공지능은 방대한 데이터를 학습하고 이를 바탕으로 새로운 콘텐츠를 생성한다. 그렇기에 일각에선 이 과정에서 학습에 사용한 데이터가 저작권 문제를 초래할 수 있다는 우려를 표한다. 과연 그렇다면 인공지능이 기존 데이터를 바탕으로 새로운 콘텐츠를 만드는 것을 저작권 침해로 볼 수 있을까?

특정 텍스트투이미지(Text-to-Image) 플랫폼에 들어가서 인상주의 화가 빈센트 반 고흐(Vincent Van Gogh)의 화풍으로 인공지능 이미지를 만들어 보자. 십중팔구 '정말 고흐 그림 같아'라고 생각할 거다. 인공지능이 고흐의 작품을 학습한 데이터에서 유사한 이미지를 만들어 내기 때문이다. 그런데 기존 창작물을 바탕으로 새로운 결과물을 생성할 때 그 과정에서 원작의 요소가 그대로 반영되거나 일부 변형되는 형태로 나타나면 '저작권에는 문제가 없을까?'란 의구심이 들 것이다. 인공지능이 생성한 결과물이 원작과 어느 정도 유사한지를 판단하기 어려움에도 사용자는 저작권 침해 시비에 휘말릴 수 있다.

하지만 이런 논란에도 불구하고 반 고흐 작품에 대한 저작권 문제에는 시시비비가 없다. 사회의 문화적 자산으로 축적되어 일정 보호 기간이 지나면 권리가 소멸해 일반 대중이 자유롭게 저작물을 이용할 수 있게 된다. 미술 작품의 경우 저작물은 사후 보호 기간이 70년을 넘기면 사용이 일반적으로 가능해진다. 그렇다면 전 세계적으로 유명한 큐비즘 작가인 파블로 피카소(Pablo Picasso)의 화풍으로 이미지를 만들면 어떻게 될까? 이 경우에는 저작권 침해 시비에 휘말릴 가능성이 크다. 피카소가 사망한 1973년에서 아직 70년이 지나지 않았기 때문이다.

이 밖에도 인공지능이 기존 작품을 학습하여 새로운 콘텐츠를 생성할 때 이 콘텐츠의 저작권이 누구에게 귀속되는지에 대한 명확한 기준 정립 문제가 있다. 이는 법적 분쟁을 초래할 수 있으며, 창작자의 권리를 침해할 가능성이 있다. 창작 활동에서 저작권을 인공지능 개발자가 가질 것인지, 인공지능 플랫폼의 사용자가 가질 것인지 등에 대한 논쟁이 발생할 수 있다. 조속한 법안 마련이 필요한 이유다.

부적절한 콘텐츠 생성

학습 데이터에 편향적, 폭력적, 혐오적, 성적 콘텐츠가 포함될 때 부적절한 콘텐츠가 생성될 수 있다. 이러한 콘텐츠는 사회적 가치관이나 규범을 위반할 수 있어 사회적 문제로 번질 가능성이 존재한다.

가짜 뉴스가 대표적인 예다. 특히 알고리즘은 사용자의 시청 습관과 관심사를 분석하여 맞춤형 뉴스를 제공하므로 한번 가짜 뉴스가 특정 이용자에게 제공되기 시작하면 비슷한 유형의 허위 정보가 포함된 뉴스가 지속적으로 제공될 위험이 있다. 이러한 알고리즘은 신뢰할 수 없는 출처나 편향된 정보를 퍼뜨리는 데 사용된다.

이러한 가짜 뉴스는 정치적 선동, 경제적 혼란, 공공 문제 등 사회 전반에 심각한 영향을 미쳐 사회적 혼란을 초래한다. 가짜 뉴스는 종종 선거 기간 중에 정치적 갈등을 조장하거나, 평판을 악의적으로 훼손하는 데 사용된다. 심지어 팬데믹 같은 상황에서 잘못된 건강 정보를 퍼뜨려 대중의 혼란을 가중하기도 한다.

영화에서는 인공지능이 적절한 규제 없이 활용될 때 부적절하거나 공격적인 장면이 생성될 수 있다. 게다가 인공지능이 편향된 데이터나 부적절한 데이터를 학습함으로 인해 생성된 부적절한 장면은 영화에서 특정 집단에 대한 부정적 이미지를 강화하거나 차별적인 메시지를 전달할 수 있다. 인공지능이 추천한 아이디어를 토대로 작성된 시나리오가 편향성을 가득 담았다면 어떻겠는가?

10
시선 그리고 관객

윤리적 책임을 통감하고 창작자로의 변모를 이뤄 내자.

종교와 AI?

인공지능을 향한 시선

인공지능 기술의 발전은 영화 산업에 혁신적인 변화를 가져오고 있다. 아이디어 생성부터 편집 및 시각 효과에 이르기까지, 인공지능은 영화 제작의 프리 프로덕션, 프로덕션, 포스트 프로덕션의 모든 단계에서 큰 가능성을 보인다. 알고리즘은 방대한 데이터를 분석하여 관객의 선호도를 파악하고, 이를 토대로 맞춤형 콘텐츠를 제작하는 데 활용되고 있다. 또 시각 효과나 애니메이션 작업에서도 인공지능은 시간과 비용을 절감하며 업무 효율에 도움을 준다.

> 기술은 이야기 전달을 돕는 도구일 뿐이며, 그 자체가 목적이 되어서는 안 된다.

영향력을 확대하는 인공지능을 두고 '인간의 주체성'을 강조한 저자의 말이다. 인공지능이 알아듣고 내심 섭섭해한다고 하더라도, 어쩔 수 없다.

기술의 발전은 윤리적 책임을 요구한다. 잘못 사용된 기술은 사회를 병들게 하는 도구로 전락할 수 있으므로 '사람 중심의 접근 방식'이 필요하다. 이는 기술이 인간의 필요와 가치를 우선시하는 방향으로 나아가야 한다는 철학적 원칙이다.

딥페이크는 기존의 영상을 조작해 가짜 영상을 만들어 낸다. 이 기술은 사망한 배우를 스크린에 다시 등장시키거나 영화의 장면을 개선하는 데 사용될 수 있지만, 가짜 뉴스나 성착취물 영상을 만드는 데 악용될 수 있다. 이는 개인의 사생활 침해와 명예 훼손, 그리고 심각한 정신적 피해를 초래하며, 사회적 문제가 된다. 이는 기술 자체에서 문제를 찾을 필요 없이 이를 사용하는 사람들의 윤리 의식 부족을 탓해야 한다. 기술이 발전할수록 그에 따른 사회적 영향력은 커지며, 이는 인공지능 사용자의 윤리 의식이 강조되어야 함을 의미한다.

사용자는 인공지능이 제공하는 정보를 조건 없이 신뢰하기보단 비판적인 태도를 견지해 접근할 필요가 있다. 챗지피티(ChatGPT)가 내놓은 정보의 출처를 물어보면 엉뚱한 결과를 보이는 상황이 종종 있다. 의심하고, 비판하라. 이는 잘못된 정보로부터 자신을 스스로 보호하는 자세다.

인공지능의 올바른 사용에 대한 교육과 사용자의 윤리적 책임은 이제 선택이 아닌 필수다. 개인의 사생활을 침해하고 심각한 피해를 주는 행위를 방지하기 위해서는 사용자들의 윤리적 기준이 있어야 한다. 산업계 역시 사회적 책임을 인식하고, 기술의 악용을 막을 수 있는 안전장치를 마련해야 한다. 또 정부는 법적 제도와 규제를 마련하여 기술의 악용을 방지하고, 피해자 보호에 나서야 한다.

관객에서 창작자로

인공지능은 영화 제작의 문턱을 낮춘다. 특히 텍스트-비디오 영상 생성 기술은 몇 개의 단어만으로도 사용자의 상상 속 장면을 영상으로 만들어 낸다. 이러한 영상을 모아 영화 제작이 가능하다. 이러한 기술은 전문적인 장비나 비용 없이도 자신의 이야기를 영상으로 표현할 수 있게 돕는다. 이제 관객은 단순히 영상 콘텐츠를 수용하는 시청자를 넘어 직접 영화를 만드는 창작자로 변모할 수 있는 환경에 처했다.

만약 관객이 영화 제작에 주도적으로 참여하게 된다면 생활영화 운동 활성화가 이뤄질 수 있다. 생활영화는 일상에서 영화의 제작과 시청을 통해 주도적 문화 향유를 행하는 영화 활동이다. 다양한 배경과 경험을 가진 사람들이 자신의 이야기를 영화로 제작하고, 이로 인해 문화적 다양성이 증진되는 긍정적 효과가 생겨난다. 이는 사회적 소통을 활성화하고 서로에 대한 이해도를 높인다. 또 소외된 계층이나 지역의 이야기가 영화에서 드러나 사회적 문제로 확대돼 유의미한 논의가 이뤄질 수 있다.

다양한 목소리는 우리의 영화를 더욱 풍부하게 만든다. 이는 신선한 아이디어와 독특한 시각을 가진 작품의 등장을 가능케 하여 문화적 다양성을 기반으로 한 영화 발전을 이룰 것이다. 그로 인해 관객은 다양한 선택지를 제공받는다. 특히 OTT 플랫폼의 활성화는 이러한 변화를 더욱 가속한다. 지역 영화제나 넷플릭스, 유튜브 등 온라인 플랫폼은 독립 영화나 생활영화를 관객에게 소개하는 창구가 될 여지가 충분하다.

가장 개인적인 것이 가장 창의적인 것이다.

아카데미 시상식에서 봉준호 감독이 옮긴 마틴 스코세이지(Martin Scorsese)의 말이다. 우리는 모두 자신만의 이야기를 가지며, 인공지능은 그 이야기를 표현할 수 있는 도구다. 여기서 중요한 것은 영화 제작을 시작할 의지를 먼저 드러내야 한다는 것이다. 영화 제작으로 사회와 소통하고, 관계의 발전을 끌어내자.

나는 한국 영화가 인공지능과 사용자의 조화 속에서 더욱 발전할 것으로 믿는다. 우리는 기술의 혜택을 누리되, 사람이 중심이 된 방향으로 나아가 인공지능 시대를 살아가는 우리의 역할과 책임을 다해야 한다.

기술은 양날의 검이다. 날카로운 날을 어느 방향으로 휘두를 것인지는, 전적으로 우리의 마음이다. 인공지능으로 영화의 창의성과 가능성을 확대할 것인가, 아니면 사람의 지위를 내려놓고 사회적 문제를 야기할 것인가? 이 질문에 대한 답은 전적으로 우리에게 달렸다.

부록

다음은 인공지능이 제안한 시나리오의 일부다. 대사 전달과 주제의 명확성을 위해 저자가 일부분을 수정했지만, 아이디어부터 장면 묘사 및 대사까지 인공지능의 발자취가 서려 있다. 총 다섯 장면을 준비했다.

영화 제목: 시간의 그림자

등장인물:

윤석(50대, 남성): 과학자
지영(30대, 여성): 윤석의 처
서연(10대, 여성): 윤석의 딸

#1 연구실(낮)

연구실 벽에는 복잡한 수식이 빼곡히 적힌 칠판과 각종 실험 기구가 가득하다. 창밖에는 빗방울이 창문을 타고 흐르며, 어둠 속에서 희미한 빛을 반사한다. 의자에 한 남성이 앉아 있다. 과학자 윤석이다. 카메라는 연구실 내부를 천천히 이동하며, 윤석의 고독한 분위기를 강조한다. 책상 위에 놓인 가족사진에 잠시 포커스를 맞춘 후, 윤석의 얼굴로 이동한다.

윤석은 컴퓨터 모니터에 집중하며 키보드에 명령어를 입력하고 있다. 손은 떨리고, 얼굴은 긴장됐다. 그는 잠시 손을 멈추고 가족사진을 바라본다.

윤석: 여기까지 오는 데 얼마나 걸렸지… 많은 시간을 보냈는데, 이제 드디어 끝이 보이는군.

(사진을 손으로 어루만지며)

윤석: 지영아, 서연아… 너희가 없는 세상에서 내 삶은 의미가 없었어. 하지만 이제 곧 다시 만날 수 있을 거야.

(깊은숨을 내쉬며 다시 모니터를 본다)

윤석: 마지막으로 확인하자. 에너지 레벨 안정적이고, 좌표 설정 완료했어. 이제 변수가 없어야 해.

(의자에 기대어 눈을 감고 키보드의 버튼을 누른다)

#2 거리(낮)

햇살이 따스하게 비추는 평화로운 주택가. 새들의 지저귐과 아이들의 웃음소리가 들린다. 사람들은 정원에서 담소를 나누며 일상의 소소한 기쁨을 즐기고 있다. 카메라는 상공에서 주택가를 내려다보며 평화로운 분위기를 전달한다.

윤석은 주변을 둘러본다. 놀란 표정으로 자신이 있는 곳을 확인한다. 카메라는 그의 시선을 따라가며, 그가 과거에 도착했음을 관객에게 전달한다.

윤석: 여기는… 맞아, 우리 집 앞 거리야. 나무, 돌담, 그리고 저기 앞의 슈퍼마켓까지, 모든 게 그때 그대로야.

(자신의 손을 바라보며)

윤석: 하지만 나는 그대로인가… 젊어지지는 않았네.

(주변 사람들을 보며)

윤석: 저분은 옆집 김 선생님… 그리고 저 아이는… 서연이랑 놀던 민호구나.

(미소를 지으며)

윤석: 정말로 20년 전으로 돌아왔어.

윤석은 멀리서 집 입구를 바라본다. 카메라는 일상적 배경과 윤석의 모습을 보여 준다. 윤석의 눈에는 눈물이 맺혀 있다.

윤석: 지영아… 서연아… 집에 있겠지?

(눈물을 흘리며)

윤석: 하지만 내가 이렇게 나타나면 놀라겠지. 어떻게 해야 할까…

(잠시 망설이다가)

윤석: 아니야. 그래도… 나를 알아보진 못할 거야.

#3 집 앞(낮)

윤석은 깊은숨을 내쉬고 문 앞에 선다. 인터폰 벨을 누르려다 망설인다. 카메라는 그의 떨리는 손과 갈등하는 표정을 교차로 보여 준다. 결국 그는 결심하고 벨을 누른다. 지영이 마당으로 나온다.

지영: (윤석을 바라보며) 누구세요?

윤석 (당황하며): 아… 안녕하십니까. 혹시 여기 주소가 행복로 123번지 맞나요?

지영: 네, 맞는데요. 무슨 일이시죠?

(그때 서연이 마당으로 나온다)

서연: 엄마, 누구야?

(서영의 모습을 보자, 윤석은 감정이 벅차오르고 눈가에 눈물이 맺힌다. 서연이는 어렸을 적 모습 그대로다)

윤석: (잠시 망설이다가) 죄송합니다. 제가 뭔가 착각을 한 것 같네요. 실례했습니다.

지영: 괜찮아요. 그런데 혹시 무슨 일 있으세요? 얼굴이 창백하신데… 무슨 문제가 있으신 거면, 경찰을 불러 드릴게요.

윤석: 아닙니다. 괜찮아요. 제가 주소를 착각한 거 같습니다.

지영: 아… 네… 그런데 저희가 여기 이사 온 지 오래돼서, 주소를 다시 한번 확인하셔야 할 거 같아요.

(아무 말 없이 지영과 서연을 바라보는 윤석)

서연: 엄마, 저 아저씨, 왜 우리를 저렇게 봐?

(지영이 서연의 옷을 살짝 잡아당기며, 고개를 좌우로 흔든다)

지영: 그럼… 조심히 가세요. 서연아, 우린 들어가자.

(집 안으로 들어가는 지영과 서연. 서연이가 뒤를 한 번 돌아보더니, 이내 집으로 들어간다)

#4 공원(낮)

윤석은 공원 벤치에 앉아 아이들이 노는 모습을 바라본다. 가족들이 함께 시간을 보내는 모습이 그의 마음을 더욱 아프게 한다. 카메라는 그의 외로운 모습을 강조하며, 주변의 행복한 분위기와 대조시킨다.

윤석: 얼굴 봤으니 됐어. 이제 돌아가자.

그때, 윤석 옆으로 공이 휙 날아가더니 도롯가로 공이 굴러간다. 길가로 공이 굴러가려던 찰나, 지나가던 트럭이 공을 밟자 '펑' 하는 소리가 나고 일제히 주변의 분위기가 날카로워진다.

(윤석이 불안한 표정을 짓는다)

윤석: 이상한 기분이 드는걸… 어서 현실로 돌아가자.

#4 연구실(밤)

윤석이 현실로 돌아와 연구실 바닥에 쓰러져 있다. 기계들은 스파크를 내며 멈춰 있고, 방 안에는 연기가 자욱하다. 카메라는 위에서 내려다보며 그의 무력한 모습이 강조된다. 윤석은 머리를 감싸 쥐며 천천히 일어난다. 기침을 하며 주변을 둘러본다.

윤석: 다시… 연구실이군.

(기계들을 바라보며)

윤석: 왜 기계들이 이렇게… 무슨 일이 일어난 거지?

(컴퓨터 모니터를 확인하며)

윤석: 데이터가 손상되었어. 이럴 수가….

(불안한 표정으로)

윤석: 설마… 과거 여행 탓인가?

#5 거리(밤)

거리는 차가운 공기로 가득 차 있고, 사람들은 공포와 혼란에 빠져 있다. 하늘에는 푸른 빛과 함께 공간이 일그러지는 현상이 보인다. 카메라는 도시 전체를 보여 주며 이미지의 왜곡이 일어나고 있음을 드러낸다. 윤석은 놀란 표정으로 거리를 달리며 주변을 살핀다.

행인 1: 하늘이 왜 저래? 무슨 일이 일어난 거야?

행인 2: 전화도 안 터져! 이게 대체 뭐야?

윤석: 설마… 내가 과거에 다녀온 영향으로 현실 왜곡이 일어난 건가?

(하늘을 바라보며)

윤석: 차원의 균형이 깨진 거야. 이대로 두면 큰일이 나.

(결심한 표정으로)

윤석: 다시 연구실로 돌아가서 해결책을 찾아야 해.

이석창

건양대학교 디지털콘텐츠학과 교수이자 영상 제작자다. 인공지능 영상을 조각낸 작품으로 'KOCON 2022 국제디지털디자인초대전'에서 우수작품상을 받았다. 이미지 재현 방식에 관심을 두며, 글과 영상 이미지로 사회와 소통한다.